你的網路閨蜜

SKimmy的戀愛撩心術

SKimmy——著

Contents

前言 005

Chapter 1 交友軟體，是用來刷存在感的 009

Chapter 2 曖昧之前先來了解「純友誼」 017

Chapter 3 極神曖昧20招 025

Chapter 4 女生要怎麼聊、怎麼撩？ 033

Chapter 5 男生要怎麼聊、怎麼撩？ 041

Chapter 6 檢視你是潛力股、備胎、好友或是工具人？ 053

Chapter 7 已讀不回怎麼破解？ 061

Chapter 8 約會超完整指南 067

Chapter 9 TA愛上你了嗎？掌握告白時間點 075

Chapter 10 顏值勝於一切？ 083

Chapter 11 你是適合單身的人嗎？ 091

Chapter 12 異性緣超好的人是怎麼辦到的？ 097
Chapter 13 「發光點」，你的優勢所在 105
Chapter 14 愛是只問付出，不問回報？ 113
Chapter 15 心誠則靈的吸引力法則 121
Chapter 16 脫單前一定要想清楚的事 129
Chapter 17 劈腿＝渣男？ 137
Chapter 18 玩玩不一定是壞事 145
Chapter 19 在社交場合，找尋你的貴人 157
Chapter 20 在職場，為你的夢想加值 163
Chapter 21 從認識到欣賞，只差這一步 171
Chapter 22 遇見更有魅力的自己 179
後記　描繪你的未來藍圖 191

前言

哈囉大家好，我是「SKimmy你的網路閨蜜」！

正在翻閱這本書的你們，跟我一定有一個共同點，那就是——「認為當自己變得更有魅力時，日子也會變得更幸福。」

我認為這是正確的、而且也是很棒的信念。

一個有魅力的人，必然是懂得愛自己的人，那樣的人不會容許自己過上悲慘喪氣的人生。

愛情一直是人類生命中極其重要的篇章，從那麼多膾炙人口的影視作品、泫然欲泣的情歌、五花八門的情感教學（包括我自己在YouTube上做的）以及蕩氣迴腸的文學作品……便可見一斑。

即便有人嘴上說著「累了！不想愛了！」、「比起脫單只想脫貧」，多半也是口不應心地逃避心之所向罷了。

當然，若是一心只追求愛情、卻忽略了人格成長的其他部分，就算運氣很好碰上一段看似令人稱羨的感情，終究對於「讓自己變得更有魅力」這件事也毫無實質益處。

只有當你懂得如何去愛自己（當中包括：接納、擁抱、改善自己……等），才會真正變得有魅力，也才有能力去跟別人建立一段有意義的感情。

「變得更有魅力」是一件必要的事嗎？事實上，很遺憾，我覺得並非必要。這世界上很多人，窮極一生無魅力、不愛自己，照樣好好活著，那也不失為一種活法。

但是，你選擇翻開了這本書，這就代表你與我的思考迴路，建立了某種特別的連結。

如果，我有幸與你一同完成從第一章直到最後一章的完整對話，你會發現一件事，那就是——想要變得更有魅力，這本書可能會很有幫助，但絕對不會是這個變化的終點。

它是一個過程，正如同出版這本書、對我來說也是通過築夢來獲得魅力的過程一樣。

而你的過程走到了這裡，將來要走向哪裡、如何加速、如何事半功倍，就是這本書想幫你搞清楚的事情。

本書分為三個主軸：「看穿對方的心思」、「看透自我的價值」以及「看見世界的精采」。

我將在這三個部分中，分別告訴你——如何站在客觀的角度剖析「他人」以及「自己」、如何用有助於提升思考格局的方法來面對更宏觀的問題，比如：社交場合、工作場所、夢想實踐……等。

那麼，我們就開始吧！

Chapter

1 交友軟體，是用來刷存在感的

「噁心，那上面根本都是想約炮的人啊。」聽見交友軟體四個字，我朋友Amy皺起了眉，用嫌棄到不行的語氣，將自己與交友軟體切割開來。彷彿在她的世界裡，用交友軟體的人全都是一些不潔身自愛、放縱濫情、縱慾無度的玩咖。

「想跟妳打炮，總比對妳一點興趣都沒有來的好吧？」我挑眉，這樣回答她。

交友軟體上有很多約炮的人嗎？肯定有，而且肯定占很多數。所以呢？你走進一家便利商店，難道架上全部的產品都是你一生所求的夢幻逸品嗎？

以前，要認識一個陌生的人非常困難，你們之間要嘛得有共同好友，要嘛得有生意往來，要嘛人生得有過一些什麼樣的交集。（比如在電影裡，女主想搭訕男主，還得大費周章假裝撞到、把咖啡潑在對方襯衫上一樣。）

這時代給了我們極大的便利，只要大家都在同個App上，你甚至可以明天就認識李奧納多．迪卡皮歐的私人助理。

看到這裡，Amy已經又皺上眉頭，摩拳擦掌、準備要好好吐槽我一番了——

「李奧納多的私人助理？啊～不就好敢講？妳有看過這些交友軟體上、那些用戶的素質嗎？」

「男生玩交友軟體，只會遇到龍妹跟茶妹啦！傻傻的。」

「交友軟體上稍微帥一點的男生，還不都只想打炮！根本就沒有好男人！」

Amy會有這些7pupu的吐槽，其實我並不怪她，她畢竟曾經也是對交友軟體抱持美好憧憬的天真傻孩子。當然，我自己過去也是那些傻孩子的其中一員（笑）。

交友軟體的廠商當然會這樣告訴你：「用戶顏值最高！」、「最真心的交友平台！」、「最快速、配對率最高！」。

然後，初接觸交友軟體的人們，懷揣著下禮拜就會遇上真愛、共譜一段浪漫邂逅、從此過上幸福快樂日子的願景，滿心歡喜地按下了下載鍵。

在接下來的幾天裡，你瘋狂滑動拇指，期待每一次手機傳來叮叮聲、告知你又得到了一個新的配對。

再之後的一陣子，你慢慢發現，那些配對的人，要嘛索然無味、要嘛另有所圖、要嘛聊了兩句就搞消失，更慘的可能是約出來之後發現根本是詐欺。

漸漸的，你變得憤世嫉俗，覺得這個軟體爛死了，自己根本遇不到理想的對象，一切都是這該死的軟體的錯。

然而，錯的從來就不是軟體，是使用者的心態。某款隨機語音交友軟體，在台用戶人數突破三百萬，國外知名交友軟體，全球活躍用戶超過五千萬。為什麼願意和陌生人展開一段友誼的人有這麼多，你卻告訴我——你在這些軟體上，連一個尚可的朋友都交不到？

聽起來不太合理，對吧？

那麼，問題既不是出在軟體身上，就是出在用的人身上了。

首先，在交友軟體這件事上，我們先來看看有哪些不可改變的法則：

1. 越便利的東西，人對壓力的接受程度就越小。
2. 人都喜歡親近美善的事物。
3. 當人際關係成為「可拋棄式」，「獨特性」就變得越不可取代。

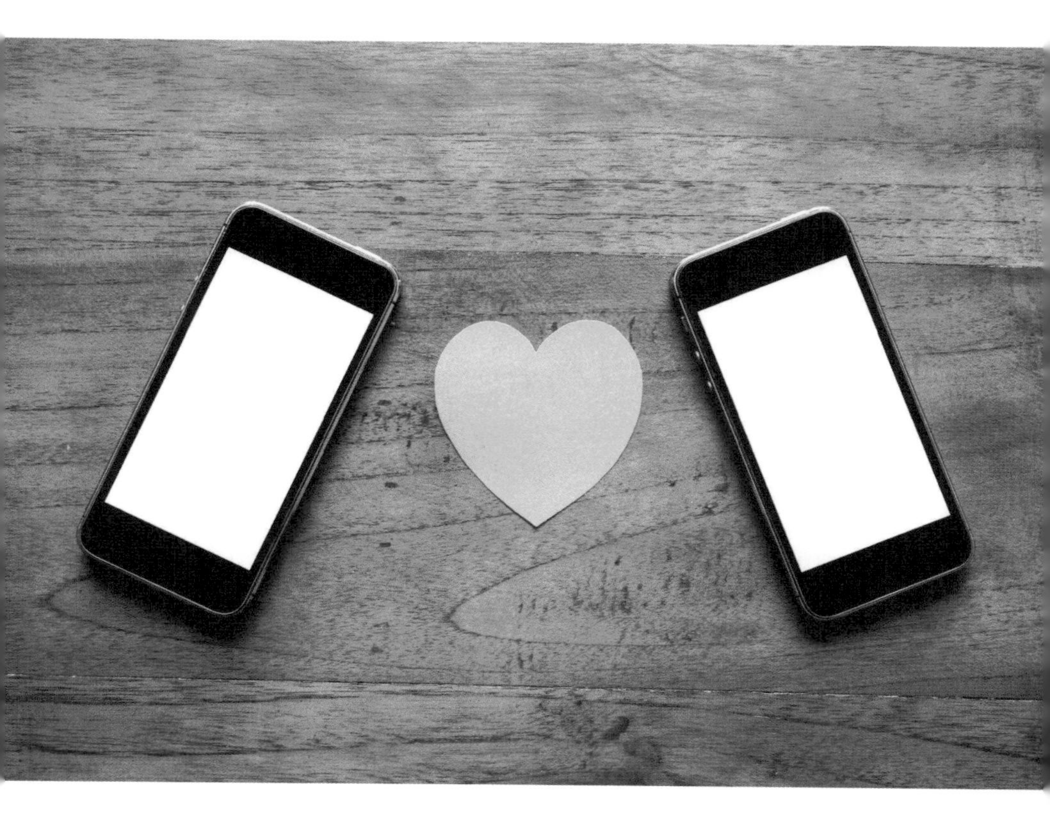

第一個法則：面對越便利的東西、人對壓力的接受程度就越小。

試想，你走進一家便利商店，想買瓶沙士解渴，結果一進門，立刻有店員過來問你需要什麼商品、人生是否遇上需要解決的難題、願不願意買一箱最新推出的泡麵……你一定會忍不住想要逃跑。

交友軟體上也是這樣，它主打的是交友的「便利性」，於是「相處起來輕鬆」的「好友感」，反而成了最重要的事情。

第二個原則：人都喜歡親近美善的事物。

說得更明白一點——拍、幾、張、好、看、的、照、片！

（對於拍照技巧，我的YouTube影片有詳細教學，這裡我就不對技術性的問題多加贅述了。）

在網路時代，你不需要顏值爆表，但你絕對需要好好打理外在。

我們既然要把自己端上交友市場，就別拿那些「內涵勝於一切」的道理來自欺欺人，催眠自己無須整理儀容。

內涵很重要，內涵可以令一個「其貌不揚」的人瞬間有魅力起來，然而「其貌不揚」並不是「望而生厭」、「蓬頭垢面」，希望各位能夠認清楚這兩者之間的區別。

第三個原則：當人際關係成為「可拋棄式」，「獨特性」就變得越不可取代。交友軟體上，交友太容易。

每個人的開場白都大同小異，每個人的模式都千篇一律——左滑、右滑↓配對↓其中一方先破冰↓開場白↓噓寒問暖、身家調查。

在現實世界中，你可能會因為看重一段特別的相遇，而願意花時間去認識一個無聊透頂的對象。然而，在交友軟體上，每段相遇都是同個模式，於是「獨特性」便只能來自你個人，也因此無聊、沒吸引力的傢伙，絕對瞬間被淘汰。

在認清了這三條公理之後，你會發現，其實只有兩種人可以在交友軟體上真正遊刃有餘、如魚得水。

第一種，不排斥交友、聊天話題多元、讓人覺得他的世界非常有趣、相處起來沒有壓力、不會暴露自己的需求感、交友心態健康的人。

第二種，工於心計、有目的性，透過心理戰的方法，誘使比他單純的對象進入自己騙局的人。看到這裡，有些人一定在心裡嘀咕：「沒有啊，還有帥的啊、有錢的啊、開跑車的啊⋯⋯」

是啦，這些人當然是很吃香，但抱持著這種消極的想法、無條件認輸、同意自己在外在條件上永遠贏不過那些天之驕子們，對我們的心態成長一點幫助都沒有嘛！

簡單來說，你該從「交友軟體」認清的事實只有一個——那就是，交友軟體不是為了讓不懂經營自己的人，明天就突然認識一生真愛而存在的。

交友軟體，是為了讓有在經營自己的人，能夠更方便地認識同樣有在好好經營自己的對象。

而你該做的，就是此時此刻起身行動，開始「學會經營自己」。

給閨蜜的悄悄話

有能力決定我們人生樣貌的，從來就只有我們自己。

Chapter

2 曖昧之前先來了解「純友誼」

想要懂得兩性關係，只懂愛情一個面向是不夠的，這世上所有東西都是一體兩面、或甚至一體多面。

想了解男女之愛（想了解同性、雙性戀的朋友們，請允許我在這裡先把範圍限定在異性戀），必然得先搞懂男女之間的「友誼」是怎麼一回事。

針對這個議題，我常常收到的回覆或意見大概是這些——

「有啊，有純友誼啊，越醜越純。」

「絕對有，我跟我的異性死黨就是純友誼！我們認識很多年了！躺在一張床上都不會發生什麼事情！」

「男女之間才沒純友誼咧，想追妹的那些男生，拒絕他們之後，還不是都不想當朋友，膚淺死了。」

「純友誼根本是藉口，我的男／女友聲稱他和異性好友是純友誼，結果每個都嘛對他們有意思……」

發現這些常見說法的共通點了嗎？

那就是不管是否相信純友誼的人，都認為「只要一對男女關係很近就極有可能發生點什麼」。第一種贊同純友誼的說法，是基於「對方很醜所以無法發生」的觀點；第二種贊同的說法，是站在「我跟我朋友親身經歷過用意志力抵抗了『發生什麼』的念頭，所以我相信純友誼」的立場。

而第三、第四句話，持反面態度的狀況，就更不用贅述了。

所以，「有沒有純友誼」其實是偽命題。

因為基本上所有人都是站在「只要一對男女關係很近就極有可能發生點什麼」這個前提來做出論述，試問這個前提難道不是本身就與「友誼」一詞相悖嗎？

證明了「一對男女走得很近卻沒有發生點什麼」，就等於證明純友誼的存在？

而證明「多對男女嘴上以朋友相稱、私下卻果然發生了點什麼」，就等於證明純友誼的不存在？

「純友誼」不是科學現象或數學定理，它的真偽對於被這個問題困擾的你本人來說，基本上完全沒什麼屁用。

不管是得到「有純友誼」，還是「沒有純友誼」這兩個答案，對正在為這個問題傷神的人來說，完全沒有任何實質性幫助。

這種看上去似是而非的理論，對很多人來說只是在「講幹話」，那麼，在告訴大家到底應該怎麼去看待男女友誼這件事之前，先讓我說兩個故事……

Freddie與Kylie是一對好友，兩人的友誼自大學時代開始。他們認識的時候，Freddie有女友，Kylie也有男友，雙方的伴侶互相認識，一群人經常玩在一起。

三年過去了，Freddie的女友無情劈腿，Kylie也已經與男友和平分手，兩人的友誼仍未曾改變，依舊處在可以開心嘴砲、一起逛街喝酒吃飯打電動的模式。

Freddie遇到情傷，Kylie盡力完成一名死黨的責任，全心全意地安慰、陪伴失意的他。

漸漸地，Freddie心中有什麼變質了，他開始向Kylie說出自己的想法：「如果當初在一起的是我們就好了……」

Kylie並未回應，只當成失戀的人尋找感情慰藉時的衝動胡說。

兩人繼續相安無事過了半年，Freddie已走出情傷，Kylie身邊也有了別的曖昧對象。

然而，在那個夏天，Kylie生日當天，Freddie突然告白了。

「我曾經告訴過妳，如果我不想讓一個人發現我在喜歡她，她就永遠不會發現。我想妳應該沒發現吧？」Freddie這樣說。

Kylie拒絕了，她喜歡Freddie，但是是朋友的那種喜歡。

兩人就這樣疏於聯絡，直到一年後，朋友聚會上再度相遇，Kylie身邊的曖昧對象又換了一個，Freddie也有了新的女友。

那一晚後，兩人恢復聯繫，又是可以一起吃飯喝酒、打電動、嘴砲的死黨關係。

Kylie不知道Freddie是否還喜歡她，不管喜不喜歡，他都表現得十分得體、合乎分寸，因此這段友誼得以延續下去。

在Freddie傷心難過時，Kylie會安慰他，反之亦然，他們互相了解對方的個性、喜好、缺點與優點，只要一句話就能明白對方在想什麼，Kylie和Freddie都覺得這樣的友誼很

是難得，也一直維繫到了今天。

與Kylie和Freddie形成對比的，是Jeffery和Susan的故事。

Jeffery和Susan在一場派對上相遇，Jeffery是英俊多金的公子哥，Susan是漂亮性感的小網紅。

酒酣耳熱之際，兩人貌似一拍即合，或至少Susan單方面認為兩人情投意合。

當天晚上，他們喝酒、划拳、談天，派對結束後，Jeffery提議送她回家。路上，Susan不斷揣度著Jeffery到底會不會有所行動，誰知，Jeffery僅僅只是將她送到大樓門口，溫柔囑咐她早點休息後，旋即乘車離去。

後來，Susan和Jeffery單獨見了幾次面，都是吃飯、看電影、喝咖啡的行程。

再後來，Jeffery告訴Susan：「妳是個挺不錯的女孩子，但我覺得我們比較適合當朋友，應該會處得滿不錯的。」

Susan皺起眉，問道：「適合做朋友，不適合做情人嗎？」

Jeffery回答得坦蕩蕩：「嗯，希望妳能諒解。」

Susan不樂意，她拎起自己的包包：「我不跟異性做朋友，也不需要異性好友，認識你就是想跟你發展成情侶，既然發展不成那就算了吧。」

從此，兩人再沒聯繫過。

故事說完了，來整理一下重點吧。人會變成好朋友，主要有兩種原因：

1. 環境因素需朝夕相處。
2. 雙方頻率很合拍（比如互相欣賞、很聊得來、tone調很相近）。

那麼相信大家也同意，不管是「需要朝夕相處」，還是「頻率很合拍」，都是很容易讓異性之間「產生情愫」的狀況。

所以，只要是異性友誼（不包括同性戀），就不能完全排除「產生情愫」這個可能性，這個可能性也許會無限趨近於零，但它永遠不會等於零。

如果你想要經營一段異性友誼，一定得兩個人都守著界線、守著平衡，小心維護，就像Freddie與Kylie那樣。異性友誼其實特別脆弱，只要任何一方的天秤傾斜，就一定會產生曖昧波動。

如果你正在糾結於另一半的異性友誼，我會建議你不要去參考閒雜人等對於「異性之間到底有沒有純友誼」的看法，你該做的是，好好觀察另一半跟那位異性好友的互動，認真傾聽你另一半的觀點與說法。如果可以的話，你甚至可以親自見一見這位異性好友，用客觀成熟的方式選擇最合適的應對方法。

如果你對於「追求者被拒絕後不願意繼續當朋友」這件事耿耿於懷，像Susan與Jeffery的狀況，其實真的沒必要為此感到傷懷、不解或厭惡人性，達不到目的、失敗後便想眼不見為淨，是很正常的反應與心態。有些人的確做不到，不管是因為太愛了、得失心太重，還是別的什麼。

對男女生之間的「友誼」型態有了瞭解之後，我們在面對一段與異性關係的時候，就能更精準判定該段關係目前是處在哪裡。

不管是想要進攻還是想要回守，都能更游刃有餘。

感情是流動的，而我們是逐流的旅人。

Chapter

3

極神曖昧 20 招

來說說我朋友小傑的故事。

小傑是撩妹達人，暖男系少年，他的撩妹模式很簡單——就是讓女生覺得備受呵護、備受寵愛。

小傑和小咪正在曖昧中，小傑知道小咪身邊還有其他的追求者，也明白她正在觀察。

那一個傍晚，小傑和小咪各自在家，用LINE閒聊。

小傑說：「好餓，我要來煮晚餐了。」

小咪說：「快去吃飯。」

小傑說：「有餛飩跟水餃，不知道該煮什麼。」

小咪說：「我喜歡餛飩。」

我們在這邊先打個岔，如果是你，你會怎麼回覆？當我問男生這個例題，多半得到的答案都是「好那我煮水餃」、「要不要來一起吃」、「那我偏要煮餛飩」……之類的普通回答。

小傑的回答是什麼呢？

小傑說：「好，那我煮水餃，餛飩留著給妳吃。」

後來，小傑成功追到了小咪。

很喜歡一個人，卻因為「不敢讓對方發現」而一直用朋友的態度跟對方相處，只會把原本有可能的戀情越推越遠。

適當地在日常相處裡揉進一點曖昧，才是正確的做法。

而曖昧這檔事，說穿了只有兩種類型：

1. 言語曖昧。
2. 行為曖昧。

學懂如何曖昧，也可以稱之為「學懂如何行使自己的性魅力」，就像武功一樣，有招式也有心法，一般來說大家都比較想知道招式，因為看似最快見效、最有實質用途。

在這一篇裡，我將與你分享言語、行為曖昧招式各10招，並且提供你純情到露骨的做法，讓你在未來的人生中可以盡情揮灑、切換自如。

言語曖昧10招

用字遣詞可依照個人喜好更換，效果差不多就行。

招式	純情	中等	露骨
1. 稱讚招數 句型： 你的____很____， 我覺得很____。	男生例句：妳的鞋子很好看欸！我覺得很適合妳、滿有氣質的！ 女生例句：你的鞋子很好看欸，我覺得很適合你、很帥！ 重點：主要是稱讚不會讓人想入非非、但對方還是會感到高興的東西，比如髮型、鞋子、包包、個性優點、事業能力、才華……等。	男生例句：妳的鬼點子很可以欸！我覺得跟妳在一起一定每天都超歡樂！ 女生例句：你的幽默很加分吧？連我都覺得被撩到了～ 重點：把「稱讚」和「自己的情緒感受」連結起來，適當地營造出曖昧氛圍的波動，讓對方覺得你好像在示好。	男生例句：妳的香味很扯，我覺得很受不了！ 女生例句：你的襯衫很……不行啦，我覺得想把它扯開(羞)。 重點：暗示要暗好暗滿，不過要注意一點，恰到好處的性吸引力可以增進火花，但萬一太超過了的話就會被抓走喔。
2. 假想情況招數 句型： 如果是你____， 我一定會____。	男生例句：如果是妳跟我說需要幫忙，我一定會赴湯蹈火兩肋插刀啊！ 女生例句：如果是你約我，我一定會去啊！	男生例句：如果是妳在我面前哭，我一定會超級心疼。 女生例句：如果是你跟我告白，我一定會超害羞！	男生例句：如果是妳穿這樣，我一定會凍未條。 女生例句：如果是你……我一定會……不，我可能會吧，嘻嘻。
	重點：各種假想情況，帶領對方進入「由你們倆演出的的各類情況劇」中，屬於一種思想暗示。		
3. 邀約招數 句型： 要不要一起____？ 我想說____。	例句：要不要一起去看這個展？我想說你之前說過喜歡宮崎駿！	例句：要不要一起去看夜景？我想說你最近心情不好，陪你散散心。	例句：要不要一起去旅行？我想說如果是跟你一起的話，應該會很開心。
	重點：千萬注意，這招的精髓不在第一句，是在第二句。第一句只是一個普通的邀約動作，第二句才是你展現的貼心、表達的心意，如果只有第一句而沒有第二句，威力可就差很多囉！		

<table>
<tr><th colspan="4">言語曖昧10招
用字遣詞可依照個人喜好更換，效果差不多就行。</th></tr>
<tr><th>招式</th><th>純情</th><th>中等</th><th>露骨</th></tr>
<tr><td>4. 記得招數

句型：
……你上次
不是說……</td><td colspan="3">在對話間自然、不經意地提起一些對方曾經說過的小事，比如興趣愛好、人生軼事、悲傷的時刻或開心的回憶……等，讓對方感受到你對他的在乎！</td></tr>
<tr><td>5.
「早點認識你
就好了……」</td><td colspan="3">這種「相見恨晚」系的台詞，使用得宜的話，可以營造出一種「命中注定」的感覺。</td></tr>
<tr><td>6.
「為了你，
當然可以啊。」</td><td colspan="3">自信、坦蕩、又帶點溫柔地說出這句話，不管對方是男是女，絕對小鹿亂撞。（但切記不要在對方提出無理要求的時候使用唷！會對這段關係造成無法彌補的裂痕。）</td></tr>
<tr><td>7.
「你有想過
跟我在一起嗎？」</td><td colspan="3">假設性問題最好用了，就算對方露出一點點尷尬，也可以立刻使用：「你別想太多啦，我只是最近遇到一點感情問題，想聽聽朋友的看法啊～」之類的藉口來找台階下。</td></tr>
<tr><td>8.
取暱稱招數</td><td colspan="3">幫對方取一個只有你能叫的專屬暱稱，無形之中可以拉近你們的距離！當然也是要對方覺得討喜的名稱才行啦，如果你硬要叫一個女生「胖胖」，不被她封鎖加刪除才怪。</td></tr>
<tr><td>9.
Morning call招數</td><td colspan="3">如果你們聊天時，對方提到「第二天要早起……」之類的話題，別猶豫，直接跟他說：「我可以打LINE叫你起床喔，保證讓你的一天明媚亮麗 :D」不管對方答應與否，至少你成功營造了曖昧感。</td></tr>
<tr><td>10.
假裝招數</td><td colspan="3">「因為某種原因……你就假裝一下是我男／女友啦！」這樣的劇情在偶像劇裡十分常見，往往是男女主角剪不斷理還亂關係的契機。在現實生活中，如果運用得巧妙的話，也不失為一個好用的辦法。</td></tr>
</table>

行為曖昧10招			
招式	純情	中等	露骨
1. 說話時觸碰	男生用法：聊天講到較感性時，輕拍對方的背。 女生用法：聊天講到重點或笑點時，輕碰對方肩膀。	男生用法：藉故察看對方的光療指甲、首飾或手相，拉住女生的手。 女生用法：在酒吧或KTV等較為擁擠的場所，坐在對方身邊要起身離席時，邊說「不好意思我過一下……」一邊不經意碰觸對方膝蓋。	較為露骨曖昧的部位包含：臉、腰、大腿、腳。 如果已經晉升到可以觸碰這些部位，應該也不需要這些招式了(笑)。
2. 過馬路換邊／拉住	男生的話，就把女生換到不靠車道的那一邊，或者在人多的時候攬住她、保護她不被路人撞到。		
3. 幫整理衣服	女生的話，可以在男生穿襯衫的時候幫他整理衣領，或者圍巾、手錶之類的這種地方。 男生的話，在女生說冷的時候，當然就是使出萬年不敗的披外套招數囉！或者是在對方穿著比較性感、裸露的時候，小小展現出占有慾，告訴對方「欸～我外套借妳披啦！」也別有一番調情的滋味。		
4. 摸頭／整理頭髮	男生用法：摸頭殺。 女生用法：使用「欸～你這髮型很立體耶！」之類的藉口，觸碰對方的頭髮。（千萬別把對方精心抓起的髮型摸壞。）		

行為曖昧10招			
招式	純情	中等	露骨
5. 遞東西碰手	男女通用，在對方遞東西給你時，不經意的觸碰到對方的手。		
6. 看東西靠很近	男女通用，在要看手機螢幕上的內容或照片時，假裝不經意的湊很近。		
7. 幫暖手	冬天的時候，當對方喊冷，你的手很暖的時候，可以將對方的手拉過來，說出「我分一點溫度給你」之類的話。		
8. 凝視對方雙眼	說話的時候直視對方雙眼，是國際禮儀。但是在對話停頓時，或者人群中，凝視著對方超過3—5秒以上、再把視線轉開時，對方一定會感到情緒的波動。		
9. 餵食	兩個人一起出去吃飯，菜來了之後，跟對方說：「我點的這個很好吃耶」，對方基本上一定會回說：「是喔？」 這時候就可以叉起一小口，遞到對方嘴邊：「你吃吃看啊！」 一切順理成章、行雲流水！		
10. 離別/見面時的擁抱	擁抱在國外只是禮貌，跟心儀對象出去約會時，用見面或離別時的輕快擁抱來增進感情吧！		

剛開始用這些招式，一定會覺得彆扭、害羞、不適應，慢慢用久後自然就會得心應手，漸漸地無招勝有招了。

當然，如果真的沒法克服心理障礙，也千萬不要勉強自己成為一個不是自己的人。

給閨蜜的悄悄話

曖昧是愛情的前菜，少了它悵然若失，過頭了胃口盡失。

Chapter

4 女生要怎麼聊、怎麼撩？

在這章裡面，我將站在一個女性的角度，一步步教你如何將心儀的妹子追到手。

我有一個好朋友阿儒，他是個宅男，雖然個性溫和友善，也肯費心思打扮自己，但就是屢戰屢敗。他始終不知道問題在哪，總認為是自己條件還不夠好、不夠有錢、不夠帥，所以女生都不喜歡他……

在我深入了解阿儒的狀況之後，發現他的癥結點其實並不是條件，而是他不懂如何聊／撩女生。

你也有這樣的問題嗎？別擔心，我們就先從「初期聊天」開始進行剖析吧！

試想一下這個狀況——你是阿儒，你剛遇見了辦公室新來的女同事，一個可愛的女孩、名叫小雨，你很想認識她、也幻想著能與她發展成戀人，藉著午餐時間，你與她身邊的同事搭話，繼而和她也進行了簡短的交談，終於在午休時間結束之前，加到了她的LINE。

然後，你望著她的LINE ID，腦中一片空白，不知道該用什麼樣的句子來當作你們之間的開場白。

其實，初期聊天只有三個重點：

1. 你該知道的事。
2. 她該知道的事。
3. 掌握關鍵字。

「你該知道的事」是哪些事呢？很簡單，一切有利於你「之後展開追求」的情報，都是你該知道的事。舉例來說：她的興趣愛好、生日星座、工作型態、學業狀況，她跟朋友或家人的相處模式、她不為人知的可愛小怪癖、前男友分手的理由、喜歡什麼樣的男生、超愛哪個男明星或女明星……

那麼，「她該知道的事」又是哪些呢？

站在一個女生的立場，怎麼樣的男生會讓人覺得眼前一亮？必然是懂得展現優點的男生。

那些「她該知道的事」，其實就是「你的賣點」。

「可是，我就沒有賣點啊……」阿儒抓抓腦袋，哭喪著臉對我說，一副灰心絕望的模樣。

「你溫和友善、對朋友兩肋插刀，對美感有研究、靠自己的努力從宅男穿搭變成潮男穿搭，工作認真、有自己的理想，這難道不是賣點嗎？」我雙手一攤，用就事論事的語氣說。

阿儒愣了愣，眨眨眼睛，彷彿我在說的不是他，而是另一個人類一樣。

「好，就算我有這些賣點可以講好了……」阿儒還不死心：「我這樣講，也會顯得很自吹自擂吧？超像愛吹牛的白痴……」

我望著阿儒，冷哼一聲：「這就是剛剛說的第三個重點——『掌握關鍵字』的部分了。」

「掌握關鍵字」的意思，就是在與對方聊天的過程中，察覺到對方不經意透露出來的重要資訊，並且抓住這一話題，繼續往下延伸對話，達到深入了解的目的。

就舉一段阿儒和小雨失敗的談話內容為例。

阿儒：「妳唱歌很厲害欸！」

小雨：「沒啦，也是練的，還沒很厲害。」

阿儒：「是喔，我覺得很厲害。」

小雨：「謝謝。」

阿儒無話可接，話題結束。

037

Chapter 4
女生要怎麼聊、怎麼撩？

在這段失敗的談話裡，阿儒完全忽視了小雨透露出的關鍵字：「也是練的。」

如果阿儒學會掌握關鍵字這項技能，他們的對話就會出現以下轉變。

阿儒：「妳唱歌很厲害欸！」

小雨：「沒啦，也是練的，還沒很厲害。」

阿儒：「練的？妳以前唱歌不好聽嗎？很難想像欸……」

小雨：「就中氣不足啊……每次唱KTV都有氣無力的，哈哈！」

阿儒：「是喔？那妳怎麼練的啊？現在聽起來真的滿強的啊！」

小雨：「就是會去健身啊、然後練肺活量，還有音準啦……（以下省略）」

每個人都是在講「自己在乎的事情」時最快樂，因為那是一種被認同、被理解、被重視的感受，懂抓關鍵字其實就是運用了這一心態。

那麼，問題來了，既然對方都是在講「對方在乎的事情」時最快樂，那我們要怎麼適時地透露「關於我們的事」給對方知道呢？

當然，你可以主動提起，比如在閒談間告訴對方：「明天要去出差，很累……不過，一想到有機會幫公司談成大案子，真的感到非常有成就感！」這樣子一方面是在與對方分享日常生活瑣事，另一方面也讓對方看見了你積極努力的工作態度。

或者，運用「掌握關鍵字」的方式，比如當小雨告訴阿儒自己為了訓練肺活量有在健身的時候，本身也非常熱中健身的阿儒就可以這樣告訴小雨：「我也滿愛運動的！下次一起去健身房啊！妳會覺得哪個項目做起來最吃力嗎？」

而當小雨進一步回答，向他透露自己在健身上的疑難雜症時，擅長健身的阿儒就可以成功運用自己的賣點、與對方建立較為深度的友誼連結囉！

完成了「初期聊天」這部分，你該掌握的情報也都掌握了，該建立起的聊天習慣也應該建立起來了，接下來就放膽進入「撩」（也就是曖昧）的階段吧！

在「撩」的階段，你可以把上一章所列出的極神曖昧20招一一用上，並且觀察對方的反應。

在這個階段，只有一個重點——那就是「撩」不等於「抓」，撩講究的是一種似有非有、好像有喜歡又好像沒有、好像很在意又好像還好，隱約且具有美感的態度。若是「抓」的話，就是一下把牌全攤在檯面上，一點猜測幻想的餘地都不留給對方了。

要從「撩」昇華到戀人，你只需確定以下三件事：

1. 你與她理想的戀人條件必須大致上是符合的。
2. 你懂得對她好，但又懂得保有自己的立場。
3. 你們倆從最初到現在，相處的過程基本上都是快樂有趣的。

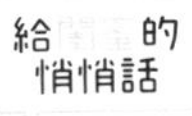

追求，不外乎就是一場聊／撩心術。

Chapter

5 男生要怎麼聊、怎麼撩？

男性讀者們，你們可以跳過這一章了。這裡是女孩子家講秘密的地方！

小敏認識了一個男生阿嵐，阿嵐是小有名氣的運動選手，異性緣頗佳，兩人在運動比賽的慶功宴上相遇，小敏主動向阿嵐要了聯繫方式。

阿嵐是很多女生心目中的男神，但小敏並沒有因此方寸大亂，她先藉故向阿嵐請教運動相關的問題，又趁機展現自己對運動的知識與了解；兩人聊LINE的過程中，她時不時會傳幾張自己在姐妹聚會的漂亮自拍，又樂於在社交媒體上po出學習品酒、大啖美食、踏青旅行……等生活點滴，記錄自己多采多姿的人生。

小敏不是阿嵐遇過最美的女生，其實，小敏長得普普通通。阿嵐做為一個運動明星，身旁火辣性感的美女多如繁星，但小敏那恰如其分的示好、懂得製造並延續話題的聊天能力、積極經營自己人生的魅力，都讓阿嵐刮目相看。

於是，不久後小敏生日前夕，阿嵐主動提議約會，要幫小敏慶生。

那只是一次頗簡單的約會，阿嵐訂了景觀餐廳、並囑咐餐廳的人準備蛋糕，小敏表現的感激且快樂，她知道若事情順利發展，兩人晉升情侶關係的機會肯定不低。

故事到這裡先暫停，小敏與阿嵐的後續發展稍後再說。先來看看在女追男這件事上，有哪些好用的小撇步吧！

那句廣為流傳的中文俗語「女追男隔層紗」，我個人認為說得非常正確，女追男遠比男追女要容易多了，不過女追男有一個重點，那就是不要用「追」的、要用「勾」的。

男性畢竟是天生的狩獵者，妳要獵人乖乖去當獵物，他怎麼肯呢？

當然，現在時代在改變，很多小鮮肉、草食男，樂於被豺狼虎豹般的肉食女捕獲，不過，大部分的男性心裡依舊期許自己能夠比較強勢、並且掌控事情的主動權。

所以，我們要充分運用男性這樣的心態，我們可以釋出善意、表達好感，但千萬不要擺出一副上鉤的魚的姿態，要做森林中靈動的小鹿，朝獵人眨眨眼睛、拍拍耳朵，然後又一溜煙的跑進樹叢裡。

從小敏和阿嵐的故事來看，她做對了三件事情。

1. 藉故詢問阿嵐專業的問題，讓阿嵐有機會展現本領。以此做為兩人聊天的破冰開端，又顯得合情合理、讓人舒服。

2. 自己本身的知識量足夠，能跟阿嵐你來我往，聊得開懷。

3. 自身的生活豐富、有趣，並且懂得如何良好的展現這一優勢。

在初期相處上，小敏的言談、舉止，都令阿嵐欣賞並認同，「獵物」已經自主性的落進「獵人」眼裡，接下來就是怎麼引誘獵人舉起槍、「征服」妳並把妳帶回家的部分了。

要讓一個原先並不打算把妳當成獵物的男生對妳心動，僅僅讓他欣賞、認同妳是不夠的，只有欣賞與認同，頂多就是做好朋友、摯交、紅顏知己。如果想和對方發展成曖昧關係、戀人，就必須要適度釋放妳的性吸引力，也就是第三章提到的「曖昧」部分。

我遇過很多女生，條件好、氣質佳、生活也多采多姿，她們可以和男生聊得天南地北，但就是永遠止乎禮、不越界，表現得像個無欲無求的修女、一副獨立自主不需要男人的模樣。

最終，男生把她們歸類為「難得的好朋友」，然後轉而去追那個宜喜宜嗔、懂得撒嬌、會跟他們說：「哎唷～我打不開瓶蓋」的女生。

如果第三章那20個極神曖昧招數對妳來說有點難度，那麼，就盡量找機會請妳心儀的男生幫妳忙吧！當然，剛開始的時候，最好不要是那種真的會造成對方很大麻煩的事情，可以從小件的慢慢入手，「幫忙打開瓶蓋」就是萬年不敗且仍舊好用的一招。

045

Chapter 5

男生要怎麼聊、怎麼撩？

請男生幫忙，乍一看好像是妳示弱、麻煩了他，但是對於男生來說，很自然地就產生了「我可以照顧、保護這女生」的心理暗示，如果想要把「幫忙」這件事所帶來的效益最大化，記得一定要在他幫完妳之後，給他一個燦笑，衷心地告訴他：「謝謝，有你真好！」

回到小敏和阿嵐的故事。

從小敏生日之後，阿嵐和小敏單獨出去的次數就多了起來，有時候是小敏約阿嵐、有時候是阿嵐約小敏，他們一起去看運動比賽、一起爬山、一起看電影、吃宵夜……

在某一次的約會結束後，阿嵐提議兩人到他家，一起看網路電視上的影集、聊聊天、喝點小酒。

小敏知道阿嵐的意思，於是她委婉禮貌的拒絕了。

小敏的姐妹聽到這件事後都不敢置信：「他都做出這種表示了！妳幹嘛掃興？就不怕他以為妳沒興趣，整件事功虧一簣嗎？」

小敏笑了笑：「正是因為他做出這種表示，我才要拒絕。我也有告訴他，我很重視兩人的關係，並且我認為此時還不是更進一步的時機，希望他可以明白我的顧慮。」

小敏的姐妹仍舊不明白：「什麼顧慮啊？他都已經約妳好幾次了，很明顯是對妳有意思吧！幹嘛就不順理成章地在一起？」

小敏搖搖頭：「有意思是肯定的，但若然發生了肉體關係，能不能在一起這件事只會變得更不確定。哪怕我當下以希望他負責的態度，硬是促成了這段關係，也有可能不出一段時間就會告吹。」

姐妹皺起眉：「那……妳到底在等什麼？」

小敏說：「我在等他對我認真，而不是只把我當成一個勾起他的興趣、能夠約會、不排斥發展肉體關係的女人。」

於是，小敏維持著她的步調，阿嵐亦懂得尊重她。三個月後，兩人在山上看夜景的時候，阿嵐捧出一束花來，告訴小敏，他覺得小敏是一名值得長遠發展的對象，希望兩人可以晉升為男女朋友關係。

小敏的等待，收穫了正向的回報。

我身邊很多女性朋友，敗在掌握不了該繼續等待的時機，落得被當炮友、或睡過之後對方就開始疏離冷淡的下場。亞洲畢竟不像西洋，很習慣在約會階段就發生肉體關係，亞洲人對待感情，依舊是較為保守且含蓄的。

在男生還沒有「對妳認真」之前，就把自己的身心靈全數奉上，是非常危險的舉動。就跟妳不看清自己到底在投資什麼，便直接把全部家當都匯款出去是同樣的道理。

那麼，到底應該怎麼判斷一個男生有沒有「對妳認真」呢？四維判定法是一個非常好用的客觀參照系。

《四維判定法》

1. 時間——對方有沒有花時間陪伴妳、和妳一起去做妳想做的事，而不是總是只做他想做的事。如果妳邀約他度過一個非常無所事事的午後，對方會不會毫無怨言、開心地陪妳度過？（另外，時間的另一層涵義也包括你們曖昧了多長期間，低於三個月屬於不穩定期，需格外謹慎處理。）

2. 金錢——對方願不願意適度地在妳身上花錢，當然不是說他應該要一擲千金、送妳特別昂貴的禮物，而是指他是否想要在物質上照顧妳、對妳好，重點是不要看他花了多少錢，而是要看他花了之後剩下多少。（對方的金錢觀也要考慮在內，若是他連對自己都十分節儉，那就別要求他突然改變花錢的習慣。）

Chapter 5
男生要怎麼聊、怎麼撩？

3. 心力——對方是否有付出努力來了解妳？肯花心思討好妳、讓妳開心？對方是否記得妳喜歡什麼、不喜歡什麼，有把妳的事情放在心上，讓妳感受到他對妳的關心？

4. 情感——情感是最難判斷的一層，因為情感是發生在對方腦裡和心裡的，若是不懂觀察，或是不懂如何去感受，就很有可能發生誤判。較為簡單的檢驗方式為「對方是否會對妳產生擔心的情緒？」包括擔心妳吃不飽穿不暖、擔心妳身邊還有別的追求者、擔心妳會離開……等，諸如此類，需要我們用心去感受方能知曉。

女追男不比男追女，有一個最大的隱憂，那就是男人畢竟是慾望的動物，有些時候，連男人自己都分不清楚他對妳的好感，到底是來自於慾望還是愛情。

很多年輕男人並不是蓄意想傷人，卻就是在睡過之後，突然發現自己對這個女生的熱情劇減，他也很糾結，他也不想做負心的壞人，但同時也沒辦法逼迫自己去面對一個不愛的女人，最終導致了兩敗俱傷的局面。

保護自己同時又保護了他的做法，就是將兩人曖昧的時間（尚未確立男女朋友關係前，彼此觀察的時間）稍微拉長，並且透過金錢、心力、情感……這幾個部分去做出判斷。

妳對他的認真，這一點無庸置疑，但他對妳的認真，一定要睜大眼睛看個明白，妳的愛很珍貴，只能交給值得的人。

給閨蜜的悄悄話

有魅力的女人，懂得守護自己的價值。

Chapter

6

檢視你是潛力股、備胎、好友或是工具人？

這一章，我們來談談興趣指標（Indicator of Interest，ＩＯＩ）、無興趣指標（Indicator of Disinterest，ＩＯＤ）以及假性興趣指標（假性ＩＯＩ）。

顧名思義，興趣指標＝對方對你有興趣，無興趣指標＝對方對你沒興趣。

那麼假性興趣指標呢？就是對方其實對你沒興趣，但因為貪圖你能帶來的某些好處，所以故意裝得好像對你有興趣（也有一些人為了要拒絕你，所以釋放假性ＩＯＩ，試圖顯得不那麼失禮）。

一些常見的興趣指標：

- 基本上只要有空閒，對方都會及時回覆你的訊息。
- 在相處時對方總是顯得很愉快。
- 面對面時，對方不會總是用手機，會將大部分的注意力放在你身上。
- 兩人對談間，你若沉默，對方會主動找話題。
- 對方會好奇你的各種事情，包括感情狀態。
- 對方不排斥跟你有肢體接觸。
- 當你臨時提議要去某個地方時，對方的配合意願很高。

一些常見的無興趣指標：

- 不回訊息、不接電話。
- 總是藉口說很忙、沒空、沒時間。
- 面對面相處時，對方不怎麼跟你有眼神接觸。
- 聊天時總是簡短回應，不積極接續你的話題。
- 不願意幫你的忙，哪怕是很小的事。
- 約出來過一次之後，再也沒有下一次。

一個人對你釋放IOD，肯定是對你沒意思；而當一個人對你釋放IOI，也不代表就愛你愛到非你不可，頂多是對你這個人有相當程度的興趣。

我朋友小冠是一個非常不擅分辨IOI與IOD的人，其實這也不怪他，他的心儀對象Tiffany，好死不死是一個非常善於釋放假性IOI的女生，換句話說就是養了許多工具人。

小冠是她其中一個工具人之一，在小冠心裡，Tiffany對他肯定是有意思的，因為Tiffany心情不好時會主動約他出來吃飯，每當重大節日來臨前夕、也會主動找他聊天，甚至還會開口稱讚小冠說：「你是我遇過最溫柔的男生！」

但是，小冠沒有納入考量的客觀事實包括：Tiffany心情不好約他出來吃飯、總是選擇很貴的餐廳、而且都是小冠買單，重大節日來臨前夕的噓寒問暖、言談中總是會提及一些她最近很想要卻買不起的東西、而小冠就會貼心地去買來當作節日禮物。

「你是我遇過最溫柔的男生？」我苦笑了一聲：「你是她遇過最好使喚的行動ＡＴＭ還差不多。」

為什麼女生會養工具人？說穿了就一句話──我不喜歡你，但有你的人生真的方便很多。

很多男生會問：「這個女生ＩＯＩ、ＩＯＤ都有對我釋放欸，那到底是有沒有喜歡？」

如果是這樣的狀況，多半她釋放的那些ＩＯＩ，也是假性的ＩＯＩ。

不僅在女生身上如此，換作是男生同時ＩＯＩ、ＩＯＤ都有釋放，那麼ＩＯＩ是假性的可能也非常的高。

Genny喜歡Chris很久了，Chris是她的同事，工作能力好、幽默又有才華，Genny曾不只一次向他示好、表達欣賞。

在一次同事聚會上，剛分手的Chris喝多了酒，Genny見機行事，貼心地守在Chris身邊、照顧他一整晚。又隔了兩天，Chris主動邀約Genny晚餐，表示他從來沒想過Genny是這麼善解人意、溫婉動人的女生，兩人當晚就發生了親密關係。

親密關係後的幾天，Chris突然變得疏離冷漠，在公司見到Genny也僅僅點頭示意，訊息不回、電話不接，Genny開始懷疑自己是不是被當成了一夜情的對象……

Genny在這樣的痛苦煩惱中，魂不守舍的過了兩週，Chris卻突然又與她熱絡起來，不僅在辦公室主動送她飲料喝，又邀約她一同到他家看新出的恐怖片。Genny詢問Chris為何之前突然冷淡，Chris表示公司突然給了新任務、他前陣子非常忙碌，再加上分手的事情，才覺得無法好好面對Genny。

Genny相信了Chris的話，兩人在Chris家進行了第二次約會，可想而知，恐怖片播完又再度發生了親密關係。

從那之後，Chris總是只在自己有意願的時候才聯絡Genny，Genny也說服自己相信Chris所說的忙碌都是真的。她在這段感情中，情緒與感受都任憑Chris擺布，Chris來親近她時，她告訴自己：「看吧，他果然是離不開我的。」而當Chris疏遠她時，她又說服自己：「他又去忙了，這陣子顧不上我，也不是他願意的……」

從旁觀者看來，Genny和小冠都很傻，明明Chris和Tiffany都釋放了那麼多無興趣指標，你們難道都眼瞎了看不見嗎？

在愛情裡，人往往是盲目的，因為自己喜歡對方，所以也希望對方喜歡自己，往往會自欺欺人、忽視顯而易見的客觀事實，把對方的一切舉動過濾到只剩下愛情。

像Chris和Tiffany這些擅長釋放假性ＩＯＩ的人，便熟知人性中的這一點，並且加以利用。

哪怕「不理不睬」、「不顧對方感受」、「一味占對方便宜」、「做決定總是只考慮到自己」……這些ＩＯＤ有多麼明顯、多麼不勝枚舉，很多戀愛中的人也只要一項最簡單的ＩＯＩ，就可以把這些全部推翻。

通常，備胎和工具人之間最明顯的差異，就是當事人與其備胎多有「情感依賴」，而對工具人則沒有。

人為什麼會想養備胎？說穿了也是一句話——我不喜歡你，但我喜歡「喜歡我的你」。

若是生命中有一個人，在你寂寞時可以隨傳隨到、眼裡心裡都只有你，給你滿滿的呵護、寵愛、珍惜……哪怕你不喜歡這個人，只要你其實也並不討厭他，難免都會受到感動。而這些養備胎的人，就是自制力、同理心不夠，才會自私地放任自己沉溺在這種蝕心的感動裡，損人而利己。

（當然，也有一些狀況是當事人已經拒絕得很清楚，愛慕者卻心甘情願繼續付出，那又是另外一回事了。）

有很多人，明明就把對方當成備胎或工具人，對外還總是宣稱「我們是好哥兒們、好朋友啦！」撇得一乾二淨，躲在安全而無道德疑慮的堡壘裡，不需要付出任何責任。

其實，如果真心把對方當成好友，一定會注意自己的行為，避免做出容易讓對方誤會的事；如果真心把對方當成好友，就會試圖避免讓對方受到傷害，並且在對方終於脫離苦海不再單戀你的時候，衷心祝福對方。

給閨蜜的悄悄話

別給別人利用你的機會。

Chapter

7 已讀不回怎麼破解？

還記得前幾章裡面，想要追小雨的阿儒嗎？

我很想告訴你們，他成功抱得美人歸、歡喜大結局，但事實並非如此。阿儒和小雨的故事，在阿儒努力開啟話題、聊天一陣子後，硬生生地卡在了對方已讀不回的瓶頸中，阿儒自己也慌了，心灰意冷，不知道該怎麼去突破。

我勸阿儒先靜下心，想想小雨不回他的一些可能理由。

「她說她不常用LINE，可能是真的沒怎麼在用，所以沒回吧……」阿儒還在自欺欺人。

「但是，她也在你們公司的群組裡，不是每次都回得滿及時的嗎？」我問。

「那是公事嘛……」阿儒辯解道。

「事實上，」我就事論事，嘗試讓阿儒認清、接受現實：「她不是不常用LINE，只是不想回你的LINE。」

「……」阿儒沉下臉：「其實我知道，我只是不想面對……」

「面對問題才能解決問題啊。」我說：「那你有想過她為什麼不想回你嗎？」

阿儒思考了幾秒：「要嘛是對我這個人沒興趣，不然就是我講話太難聊吧……」

萬幸，阿儒對於問題的本質，還是看得滿清楚的。

聊天軟體的已讀功能，有一說是為了災難發生時的救援。當地震等天災來臨時，救援隊讓家屬傳訊給失散的親友，即便對方狀況不佳、無力回覆，只要滑開出現已讀，便能讓救災人員知道狀況。

原先秉持著好意、方便人與人之間溝通的功能，現在卻變成了測試人際關係親疏的工具。

其實，已讀不回、能不能秒回，這些事情需要的是「看得懂」而不是「看得重」。

會被已讀不回，大概有幾種原因。

1. 你在對方心中的優先次序不高，點開來暫時不想回，然後就忘了。
2. 對方無意願和你繼續談話，已讀做為希望結束對話的表示。
3. 根據你們在溝通的事項，對方用已讀來表示「看過了」、「知道了」。

針對已讀不回，有治標的方法、也有治本的方法。

治標的方法包括：

- 盡量使用問句結尾（比如「你覺得呢？」、「你喜歡嗎？」、「你想要嗎？」），人通常看到問題會比較容易產生「好像應該要回一下」的心理。
- 在話題上盡量投其所好。
- 善用「請教問題」的方式做為每次對話的破冰話題。
- 發圖片。這招特別適合使用在已經從已讀不回變成不讀不回的苦主，人通常看到一段話配上一張圖，一定會想看看那張圖是關於什麼，手機的訊息提示不帶圖片預覽，所以對方就必須點開來。那麼既然他都已經點開來了，回覆的機率也會相對提高。

為什麼說這些是治標的方式呢？因為這些等於是你在努力調整自己的說話模式，只為了迎合對方的喜好，兼且不保證永遠有效。

長期勉強自己去使用這些方法，換得對方偶爾的回覆，只會把自己弄得很累，就算感情真的進一步，也不會是良好且正面的循環。

對於阿儒，我請他在嘗試治標方法的同時，也嘗試治本的方法。

1. 學會愛上自己的人生，並且接受「人與人之間聊得來與聊不來都是緣分」這觀點，做到不去在意、強求。
2. 多跟異性聊天，去感受什麼是「充滿互動性的對談」以及「硬聊／尬聊」。
3. 充實自己，找出自己有興趣的兩件事（對他來說是健身以及穿搭），大量吸收這方面的知識，並且能夠與人分享。

治本的方法看上去比治標的方法難、能見效的時間又拉得比較長，但唯有這樣做，最終才能夠完全破解「已讀不回」對你所造成的困擾。

給閨蜜的悄悄話

聊天軟體只是一種人為的發明，不是審判感情的法庭。

Chapter

8 約會超完整指南

Ben跟Emily是大學同學，兩人因為有同一堂課而相識，已經在LINE上聊了幾週，彼此都有想要更進一步的意願，同時卻又怕開口邀約對方單獨出來見面會顯得唐突。

很多人都有過這樣的困擾，尤其在年輕時，總覺得開口邀約對方就已經是天大的表白，生怕好不容易ㄍㄧㄥ住的平衡會崩壞。

其實，「約出來」這件事根本就沒必要這麼戰戰兢兢。你想要多了解一個人，這是很稀鬆平常的交友動機，保持著誠懇不扭捏的態度去開口，就像去早餐店買蛋餅一樣自然。

「我知道啦……我就是想不出來要怎麼開口比較好啊！」Ben說：「有沒有進可攻退可守的方式？」

根據我十幾年來在情場上的觀察，男女曖昧時，約會邀約基本上分成五種方式。

1. 有借有還法——請對方幫你一個小忙，做為答謝，你就可以順理成章地請對方吃個飯、喝個咖啡、看場舞台劇，表面上說是還個人情，檯面下大家都心照不宣，隱晦的曖昧最雋永啦！

2. 投其所好法——記得對方曾經說過想看的電影、展覽，在時機成熟時提出邀約。或者是在對方說出「我喜歡某某東西」的時候，立刻拋出跟該項東西相關的活動。比如當Emily說：「我在聽久石讓的曲子，真的好好聽喔！」Ben就可以這樣答：「欸，不是有個宮崎駿展嗎？要不要一起去看？」

3. 嘴砲打賭法——聽上去很幼稚，但在愛情裡、一個人如果沒有變得比較幼稚（童心、玩心的部分），那他一定是不夠愛！嘴砲打賭法的精髓就在那打是情、罵是愛的互動中，可以發生在任何對話裡，比如當Emily和Ben爭論那個教通識課的禿頭教授到底幾歲時，Ben就可以這樣說：「我賭60以上啦！妳賭多少？55—60是不是？好啊！我現在去問！輸的請看電影！」是否完全水到渠成、而且還十分有趣好玩呢？

4. 特殊事件法——演唱會、音樂節、快閃店、遊樂園特別主題……等有時效性的活動，都算特殊事件。因為有時效性，所以害羞的你可以藉口「其他朋友都已經去過了」或者「他們都剛好沒空」。

5. 超級剛好法——不管你做什麼事情，都是剛好跟他有關。比如說你去找朋友拿東西，剛好在他家附近，要不要一起出來吃飯？或者你剛好拿到兩張歌劇的票（可能根本是自己買的），要不要一起去看？總之把刻意想見他的心情，統統包裝成不經意的巧合，就是「超級剛好法」的宗旨。

於是，Ben跟Emily愉快的定下了第一次約會，他們會先去看Emily想看的電影、然後去Ben想試的創意料理餐廳。

Ben跟Emily又有問題了：「那……我應該要穿什麼?!」

男生想穿的帥氣亮眼，女生則苦惱是不是應該比平常穿的更溫柔可愛一點？

基本上，我會建議在「穿得舒服、自在」的前提下，再多注意幾個重點。

- 衣服不要選擇太軟、容易皺的材質。容易顯得邋遢、不修邊幅。
- 男生最要緊的是乾淨、整潔，若對穿搭不太了解，選擇基本款素色絕對不會出錯。
- 女生如果想要小露性感，胸、肩膀或背、腿，選一個地方露即可，露太多可能會有反效果，只露一個地方顯得恰到好處、隱隱約約更令人遐想。
- 香味非常加分。女生可以用香香的洗髮精、或髮香噴霧；男生可以用清爽款的男香。
- 髮質非常重要，不論男女，髮質好就顯得有質感；稻草乾燥髮、沒打理過的自然捲，難免顯得土氣。
- 鞋子不要髒兮兮、破破爛爛。

做了這麼多的前置作業，現在我們萬事俱備，只欠約會啦！

約會的過程中，到底有哪些客觀的標竿，可以檢驗這是不是一場互有火花、進展良好的約會呢？

你可以試著觀察看看，你與對方有沒有以下的行為。

- 大部分時間你是放鬆、自在、愉快的，而對方給你的態度也非常愜意、舒適。
- 兩人的話題頻率合拍，可以聊得滔滔不絕。
- 約會過程中，你們臉上有笑容的時間超過60％。
- 約會過程中，你們進行雙向交談（有說話、有回應，而不是其中一人單方面一直講）的時間超過60％。
- 當你展現發光點（見第十三章）時，對方顯得非常認同、欣賞。
- 對方會不自覺的跟你做同樣的動作，比如說你拿起水喝一口、對方也跟著喝了一口。
- 對方主動想了解跟你有關的事情，並且認真聆聽你的回答。
- 在合理的時間內，你提議要去續攤，對方欣然答應。

● 約完一次之後，還有下一次。（約完一次再也不見面的，就是已經被判出局了。）

Ben與Emily度過了非常愉快的初次約會，看上去一切都發展良好，但這兩個不擅長戀愛的傢伙，回家後又開始糾結起來：「約會完之後，我到底該不該主動傳訊息給對方呢？」

總是會有很多的兩性教學、戀愛招數不斷提倡：「他若給你發消息，等待三小時後再回」、「約會結束之後，先發訊息的就輸了」，這些秘訣固然有其道理，因為人性深處總傾向於認為「得不到的最好」，如同張愛玲筆下的紅、白玫瑰。

在戀愛試探的初期，「彼此靠近卻又無法掌握」的感覺，恰到好處地撩撥著人的心弦。

若在還沒有建立起深度連結的時候，就讓對方充分感到「你可以完全被他掌控」或者「你的一顆心已經完全屬於他」，無疑不是件合適的事。

太快「暴露需求感」，容易讓對方產生尷尬、害怕、奇怪、虛榮、不珍惜、無趣……等負面情緒，也容易讓自己感到脆弱、恐慌、擔憂、悲傷。

「害怕暴露需求感」確實是在愛情裡常見的問題，在展現需求感這件事上，確實需要拿捏有度，給得太多了會顯得很黏人、很恐怖，給得太少了又顯得很冷淡，彷彿沒意思。

要調和「需求感」，最終還是得先擺正自己的心態。

其實，在一場良好的約會結束之後，真的不用那麼在意「誰先主動傳訊」，這不是一場爭輸贏的遊戲，只是兩人願意花時間好好瞭解彼此。

如果約會結束，你到家之後，對方遲遲沒有傳訊息來，你大可以主動發個貼心的訊息告訴他：「今天玩得很開心！謝謝你～希望我也有帶給你開心唷！」

給閨蜜的悄悄話

約會約會，約了才會，不約永遠不會。

Chapter

9 TA愛上你了嗎？掌握告白時間點

Nick與Mandy認識了一陣子，Nick會主動邀約Mandy出去，Mandy亦然，偶爾兩人會說出曖昧的話，而行為舉止仍然止乎禮。

Nick不知道Mandy究竟是喜歡自己、還是只把自己當成好友，他想要進一步推動這段關係，卻不知道何時該開口。

Mandy知道Nick喜歡自己，她在等Nick先表態，但Nick總是無動於衷，讓她心煩意亂。

Nick與Mandy的故事，天天都在上演。

什麼時候該告白、怎樣可以結束曖昧成功牽手，困擾著萬千男女。

告白這件事，真的沒有這麼難。最重要的是，告白其實不用像偶像劇、電影、漫畫小說裡描繪的那樣——「某某某我喜歡你，請你跟我交往！」

這種要「逼人表態」的告白方法，絕對是下下之選，因為它破壞了所有「能夠想像」的空間，而且把對方直接推入「只能接受或拒絕」的尷尬地帶。

最高招的告白，正是「不逼人表態」的告白。

「告白」這一詞，意思是「向他人表示自己的想法或心意」，裡面可從來沒有提到「要讓別人同時做出回應」這件事。

所以說，在亞洲傳統觀念裡，把「告白」跟「確定關係」兩件事連在一起，其實是很讓人匪夷所思的。

「告白」其實任何時候都可以，對方做了一件讓你極之欣賞的事，你大可以坦蕩蕩、誠心的告訴他：「你做這件事的時候真有魅力！我覺得超級棒！」

心意不是拿來藏著掖著的，喜歡的時候就光明正大地講出來，反之，若對方做了一些讓你不喜歡的事，也可以委婉禮貌的告知。

在把「告白」跟「確認關係」兩個概念分開之後，會發現我們其實在乎的是「確認關係」這件事。

「確認關係」可以簡單也可以複雜，若是兩個懷抱同樣心意的人，確認關係就如同渴了喝水一樣簡單；若是兩人發現彼此對關係的認知有落差，那麼只會有兩個走向：

1. 冷靜、成熟的進行討論，並決定未來走向。
2. 不明不白、帶有情緒性的終止互動。

一般來說，大家會對於「確認關係」感到害怕、卻步，就是因為經常發生第二種狀況的緣故。

小白追求倩倩大約兩個月，在他終於鼓起勇氣「告白」並且詢問倩倩是否願意做他女友之後，得到了那眾人熟悉的經典拒絕台詞：「我現在還不想談戀愛……謝謝你，你是好人。」

小白研判自己應該使用默默守候的暖男攻勢，於是便說：「沒關係，我願意等妳，有一天妳會願意跟我在一起的！」

然後，倩倩從此便開始敷衍疏遠他，約也約不出來，訊息也不回。小白痛苦萬分，一直搞不懂自己究竟是哪裡做錯了什麼、到底有什麼不足之處。

其實，如果小白能夠客觀一點、更透徹一點的釐清一些問題，那麼狀況可能不至於發展至此。

比如，他可以從容一點的反問說：「妳其實不是不想談戀愛，而是不想跟我談戀愛吧~是我跟妳理想的伴侶條件不合嗎？」

有一部分人面對這樣開誠布公的良性詢問，是會願意誠實告知對方自己真實想法的，當然也有一部分人礙於情面或其他考量，不會全盤托出，但那也是人之常情。

如果倩倩願意告訴小白：「我覺得你的個性很棒，幽默風趣、上進努力，但是我想交往的對象、是能夠跟我有共同興趣的，我覺得我們的喜好差太多……」

而小白也願意接受的話，對他們倆來說無疑都是一件好事。

當兩個人願意溝通、了解彼此的想法的同時，深度連結就建立起來了，有了這樣的連結，也能有效減少最後變得「老死不相往來」的可能性。

在明白嘗試「確認關係」可能發生的一些狀況後，我們對於這件事應該更有自信了，不管對方是答應、拒絕還是需要再觀察一段時間，只要秉持著「溝通、了解」的態度，基本上都能夠游刃有餘的去解決。

那麼我們就趕快來看看，有哪些時間點最適合「確認關係」吧！

- 對方對你的態度，從回應（會理你）、傾聽（會聽你說你的事）、關心（會主動想了解你的事）進展到順從（當你提出要求時、對方基本上都會答應），差不多就可以準備嘗試確認關係。
- 兩人的互動模式已經很像男女朋友的時候。
- 發現對方會開始對你身邊的異性吃醋的時候。
- 約會4—10次左右，互動都十分良好的時候。

「最難的不是時機，是要用什麼契機提起這話題吧！」Nick雙手一攤：「直接問『欸~所以妳要跟我交往嗎？』感覺又很怪！」

我們就來看看，幾種常見的「確認關係」方法。

1. 殷勤舉動法——無限推進兩人相處的互動模式，從共撐一把傘、到離別時的擁抱、到貼心互餵食物……等，如果對方都沒有拒絕，並且顯得非常願意，基本上就是心照不宣了。如果你真的需要言語確認，也可以再用「所以……我們是男女朋友了吧」之類的發言做最後定案。

2. 言語調戲法——用半開玩笑、打趣的方式，可以緩解鄭重感，給人一種自然而然的感覺。比如Nick可以跟Mandy說：「欸欸欸！Mandy！我剛剛做了一個重大決定！」Mandy一定會問說：「什麼決定？」這時候Nick就可以笑嘻嘻地說：「要讓妳做我女朋友的決定！」如果Mandy嬌羞默許，那這件事就成了。如果Mandy拒絕，Nick也可以打哈哈帶過：「哇！有必要拒絕得那麼快喔？妳有聽到我心碎的聲音嗎？」

3. 朋友起鬨法——不是指一群人吵鬧拍手說「在一起！在一起！」那種起鬨，而是說讓朋友在言談間自然流露出「已經認為你們倆是一對」的態度。比如一群好友出遊、續攤要搭計程車，Nick的好友直接說：「欸，我們要叫三台車，有一台只會坐兩個人，Nick跟Mandy你們情侶就兩個人一台喔，可吧？」

4. 直接出手法——看到氣氛正好時，來個偶像劇浪漫之吻，然後告訴對方：「都親過了，你是我的了。」（一定要確定對方也有喜歡你才能用喔，不然會被警察杯杯抓走。）

只要是有點感情經驗的人，
不用人家告白也能知道人家喜歡自己。

Chapter

10 顏值勝於一切？

談到愛情、把妹、自信、魅力這種話題，我朋友阿本最喜歡掛在嘴上就是這句話：「反正就人帥真好、人醜吃草啦！」

彷彿他現在一切所有的情場失意、人生挫折，都是因為他長得不好看，只要他能夠獲得柯震東一般的外貌，生活就會突然一帆風順、突飛猛進。（事實上柯震東本人現在看起來也沒有過得很好。）

顏值真的等於一切嗎？光看看YouTuber圈，其實就能得出「顏值只要夠用就好，打扮得清爽乾淨、有自己的特色，並且上進努力才是重點」這個結論。

YouTuber界的大前輩蔡阿嘎，絕對稱不上是「能讓女生一秒就愛上的帥哥」；百萬YouTuber Joeman更是以「肥宅人生勝利組」的人設行走江湖；這群人裡的展榮、展瑞、尼克，也都是走清爽少年路線，而非盛世美顏路線。

顏值是一個人最表象、最淺層的東西，所以往往也是最容易被注意到、受到重視的東西。

當我還在學生時期的時候，非常羨慕那些身材姣好、皮膚吹彈可破（當時的我不管什麼時候、臉上總是掛著幾顆痘痘）、頭髮亮麗滑順（我有毛躁自然捲）的女生。

每當朋友聚會，只要在場有一個這樣亮眼的女孩子，我就會選擇隱藏在角落，只跟自己熟悉的朋友交流。

後來，我細心留意自己的交際模式。我發現：只要在場沒有那種亮眼的女孩子，我反而就能夠從容、自在地跟不熟悉或甚至是陌生的人交流，也能夠結交更多朋友。

在這兩個不同的聚會中，我還是那個相同的我，長相、穿搭風格、髮型都沒有任何改變，僅僅是因為「對外表的過度在意導致沒自信、放不開」，就在「成功交朋友」這件事上造成了截然不同的結果。

人長得好看勢必有其優勢，但太好看的人也同樣受到原罪般的不便之處所困擾。

我的朋友Daisy外表性感火辣、瓜子臉大眼睛，雖然她是一個很好的女性，獨立自主、聰明溫婉，但所有第一次見到她的女生，都難免對她存了一絲比對旁人更多的防備心。

而又因為她太漂亮，跟異性說話時更是麻煩連連，只不過問上一個很普通的問題，對方就誤以為她是在蓄意調情，導致她常常得花心力去解決很多不必要的爛桃花。

顏值真的只要夠用就好，太多了也是一種負擔，「紅顏禍水」、「紅顏薄命」……這些成語，可能就是這麼來的。

我的另一個朋友Jeremy，帥得像韓國男星，陰柔俊秀、身型高大、整張臉挑不出一絲瑕疵，但情路可以說是出乎意料的坎坷。

因為太帥了，所以主動來接近他的女生往往也忽略了「看人要看內在」這件事，那些為了他的美貌神魂顛倒的姑娘，或者扭扭捏捏、或者太過主動，讓他百般無奈又心灰意冷。

好不容易遇見了一個清麗脫俗的女孩子，對方卻又因為「你異性緣太好了，跟你在一起永遠沒法安寧」這樣的理由拒絕了他。

當然，長得太好看或太難看的人生，畢竟都是極端例子。

我們周遭更多的是長相一般般，卻疏於打理自己，又要把過錯都怪罪在顏值上的人。

Chapter 10
顏值勝於一切？

比如那位負能量滿滿的阿本，其實他長得也算五官端正，不過不失的標準面孔，但是每當兄弟揪他去找好一點的髮型師、去逛街買衣服的時候，他總是要擺出一副不屑一顧的態度：「浪費錢，人重要的是內在啦！那些身外之物我才不在乎！」

阿本這樣的心態，確實是很糾結。

明明就說著「人帥真好、人醜吃草」這種充分明白「外表的重要性」的話，卻又對「好好打理自己外表」這件事無比抗拒。

這就像學生一邊說「啊～反正考試考得好，將來才會有頭路啦！」然後一邊拒絕努力讀書是同樣的道理，自相矛盾，卻又不是不能理解。

這種「抗拒改變、自討苦吃」的行為，在心理學的層面也有相關的探討。

阿德勒學派認為，會痛苦其實是你在衡量過後所進行的選擇，這些痛苦可能在某種程度上為你帶來了滿足，有可能是習慣、也有可能是通過表現這些憂鬱與痛苦，來換取他人的社會支持。（Social Support，用現在的網路術語來講，就是同溫層討拍。）

從認知治療的角度來看，也是相似的理論。

當你相信這些「會讓你感到痛苦的信念」，你也同時獲得了一種「安心」。

比如阿本常常叨叨唸著：「人帥益生菌，人醜大腸菌啦！」、「反正現在的女生就是要嘛看錢要嘛看臉啊，人帥抱緊人醜報警啦！」、「講那麼多把妹心法，沒用啦，最後還不是只看顏值。」

他在叨念這些話的同時，乍一看是在抱怨，但再細細觀察，會發現他其實很大一部分是在享受這種「悲哀的爽感」。

阿本之所以明知顏值的重要性、卻又不願意有所行動，是因為改變是未知的，而痛苦是習慣的。

因為外貌而感到失落、焦慮，不管好看還是不好看的人都嘗過箇中滋味。

即便有點老調重彈，但自信、事業、興趣、自我充實，這些才是比外貌更重要的東西。有了這些，你才有辦法愛上自己，只有當你愛上自己，別人才有可能愛上你。

而這一切的關鍵，就是你要先真心相信這個觀點，繼而真心相信自己，才有可能發揮出最大的潛能。

顏值天注定，魅力靠努力，心態決定命運。

Chapter

11 你是適合單身的人嗎？

不談戀愛很奇怪嗎？

為什麼單身就要被說魯？

單身狗、魯蛇，講的好像沒有另一半的人就注定很失敗？

讓我們換個角度來想想看這個問題——「人為什麼要談戀愛」？

也許，有些人是因為從未經歷，所以格外嚮往。

也許，有些人是因為需要與另一個人有愛的牽絆，來感到「被完滿」。

也許，有些人是因為俗世價值，必須完成一場婚姻。

也許，有些人是因為命中注定的發生，誰也無法抗拒。

戀愛有很多種樣貌，有靈魂伴侶的戀愛、有日久生情的戀愛、有因為寂寞而互相取暖的戀愛……

Rosaline是個不願談戀愛的女人，她曾經談過很多場戀愛、曖昧過無數對象，在許多回無疾而終的感情後，她漸漸明白自己要什麼。

她曾經愛過那個精神層面完全契合、才華洋溢，讓她無比驚豔的男人，卻因為現實的因素而無法修成正果。從此之後，再遇見的對象全都及不上他。

在與那個男人分別之後，她喜歡過很多人，許多優秀、溫柔、英俊的人，但理智的聲音在告訴她——她理想的愛情，不是這些人的模樣。

面對逐年累加的單身日子，Rosaline略感寂寥，但她並不著急。她有自己的事業、興趣愛好，她賺自己的錢、過自己的好生活，她去旅遊、去shopping、去學才藝，還有各式各樣的追求者、愛慕者，不斷滋養她的自信。

她在沒有愛人的時光裡，把所有的愛都用在了自己身上。

在這段單身的時光裡，Rosaline領悟了幾件關於戀愛的重要事。

1. 年輕的時候，可以抱持著「體驗看看」的心態投入感情，在這些感情中更加了解自己想要什麼、不想要什麼。

2. 在經歷過一定數目「體驗看看」的感情之後，就應該要明白自己在尋找什麼樣的對象、不適合什麼樣的對象。

3. 很多時候，喜歡的跟適合的不是同樣的。

4. 如果你沒有認清你想要脫單的理由，就不要輕易脫單。

5. 單身是你唯一能夠好好經營「自己與自己的關係」的時光。

在一段戀愛中，我們可以得到兩個人親密的相處、緊密的陪伴，同時也失去了一部分自由，比如獨處的時間受到壓縮、不能隨心所欲做某些事情、必須要時刻照顧伴侶的感受……之類等等。

在一段單身中，我們則失去了某個人穩定的陪伴，同時得到了大把能夠用來「檢視自我」的獨處時間。我們可以自己去旅行，隨時去見想見的人，做想做的事。而且，由於沒有一個需要時刻被在乎與照顧的伴侶，所以我們更能夠將心思投入在其他事情上，比如事業、比如課業、比如某些目標的重要衝刺。

在Rosaline單身的歲月裡，她努力工作、健身、存錢，請了好幾段長假，一個人去旅行，她的足跡跑遍歐洲、美洲，甚至還去了中東。

對於一個處在穩定戀情中的人，這樣的自我實現很難完成，就算他真的去做了，得到的體驗也會跟一個獨身的旅人截然不同。

單身的時候，你才是真正以「你的本質」去跟世界互動，不是誰的誰，只是你自己。

你的喜悅與迷惘，你的幻想與寂寞，都真真正正得到了時間可以去消化。

單身，是你人生中唯一有機會好好經營「最重要的一段關係」的時候。

這段關係就是「你與你自己的關係」。

在我的影片《適合單身的五種人！你上榜了嗎？》中，分享過有五種人特別適合單身：

1. 懂得獨處的人。
2. 有明確的階段性目標（如事業、學業），知道自己暫時不適合談戀愛的人。
3. 覺得探索人生與自我比談戀愛更重要的人。
4. 熱愛自由的人。
5. 對戀愛需求感不匱乏的人。

（詳細解釋可以去觀看這支影片。）

單身，絕對不等於你沒有人愛。

單身，有可能是因為你「正在好好的愛你自己」。

不要因為大家都說單身狗很魯蛇，或者你身旁的朋友正在一個個脫單，就突然感到自己好像「很沒行情」。

當然，在街上看到情侶出雙入對，自己卻形單影隻，難免會感到寂寥，這是人之常情。

單身，這條路必然是一種孤獨，卻不一定等同寂寞。寂寞使人發狂，孤獨使人強壯。

單身的時光，若是好好被運用，讓「自己和自己」的這段關係得到妥善而良好的經營，未來的某一天，當那個對象出現的時候，你們絕對能夠談上一場加倍精采且極之滿意的戀愛。

我們才是陪伴自己最久的人，好好對待他。

Chapter

12 異性緣超好的人是怎麼辦到的？

學生時代，我對愛情懷抱著所有美好的憧憬，以為戀愛就該像漫畫、電影裡演的那樣——在某一天，兩人不經意的回眸對視瞬間，如命中注定般展開。

當時的我，不明白該如何適當的去認識一個心儀的對象。當年，我面對喜歡的對象時總是手足無措，心跳噗通噗通、害羞至極，搞得對方也特別尷尬。

大學時代，我開始研究為什麼那些長相不是頂尖的同學、能夠毫不費力地成為萬人迷？究竟他們有什麼魔力？或者什麼特長？能讓他們在異性間如此吃得開？

研究了半天，我終於發現，異性緣好的人一定都有的三個特點。

1. 認識初期，用好朋友的心態對待任何人。
2. 不排斥較為陌生的活動。
3. 將約會當成一種生活方式。

網路上有一個頗為有名的影片，關於一個大學教授告訴他的學生：「喜歡他，就不要用朋友的方式對待他，如果你用朋友的方式對待他，又怎能奢望他不只把你當成朋友呢？」

這句話說得非常對，但這是在「已經非常確定你想跟他發展成戀愛關係」的階段。

在亞洲文化薰陶下的台灣人，對感情的態度較為保守。常常會看到很多「才剛認識就打定主意要追」的狀況。

其實，這並不是一個有利於戀愛發展的心態，在認識的初期，你尚不知對方的底細、對方也不清楚你是誰，突然就拿出一副窮追猛打的示好攻勢來，就跟作戰時不看清局勢一股腦亂丟炸彈一樣。

在西方，人們對於談戀愛的流程大概是這樣的：

- 認識還不錯的異性。
- 交談一下、簡單了解彼此。
- 覺得聊得來、滿契合，就約出去見面，給彼此一個更能深入了解對方的契機；若是談不來，也不勉強。
- 剛開始見面的幾次約會，並不以「我一定要追到對方」為目標，而是以「希望兩人能一起做些快樂的事、享受交流的時光」為出發點。
- 約會幾次後真的覺得合適，再往戀人的方向邁進。

而在東方，我常常看到這樣的狀況：

- 認識還不錯的異性。

- 決定要追。
- 開始聊LINE、想約出去。
- 一被拒絕、或對方消息回得很慢，就得失心太重，開始喪氣難過。
- 認為「沒有追到對方」就是失敗了。

並不是說哪一方比較好、或者比較優秀，當然在西方也是有魯蛇，在東方也是有人生勝利組，只是說這兩種普遍心態上的差異，後者通常會讓你比較糾結，而我們沒有人希望自己過得糾結。

所以說，在剛開始認識異性的階段，不論是欣賞的異性、還是普通的異性，都先以「好朋友」的心態去相處，不僅可以讓對方輕鬆地和你相處，也能給你一個觀察、評估的空間。

說不定，聊過之後你會發現，那個在聚會上外貌姣好、笑容燦爛的女孩，對你喜歡的美劇、運動一竅不通；而那個看上去平平凡凡、聲音細小的女孩，居然跟你有一大堆相同的興趣愛好。

「降低預期心理」是在「面試心理學」裡常常被運用的概念。

一般人一定都會保持著「希望能得到這份工作」的心態去面試，然而，這種「最高值的期望」無疑只會讓你壓力更大、無法自然發揮。

如果我們將目標調整成「希望面試官們會喜歡我、覺得我是個不錯的人」，這種比較容易達成的標竿，那麼我們也會因為安心、自信，而發揮得更好。

戀愛上也是一樣，在相識、約會的初期，「希望對方會願意跟我交往」是一個太過理想化的目標，試著將心態轉化為「希望我們可以一起度過快樂的時光、留下美好的回憶」來跟對方相處，反而可以發展得更順暢。

這種心態的轉變，可以為你帶來許多好處。

首先是，資源擴張。

在資源擴張這件事上，我朋友Rick和Sam簡直形成強烈對比。

Rick常常被和他約會的女生私下稱為「約崩男」或「聊崩男」，意思就是不僅約會、聊天過程不好玩，還讓人無比尷尬或傻眼。

Rick其實是個很好的人，但就是每回認識新的異性，就變得戰戰兢兢、智商掉線，約會時沒法自然的做自己，約會後又急著逼問女生「開心嗎？」、「下次再約吧！」、「真的覺得妳很不錯……」嚇跑了一大堆人。

所以，Rick的「異性資源」始終沒有擴張，反而還越來越小。那些跟Rick約會過的女生，別說不會把這個約崩男介紹給朋友了，連跟他再度聯絡都不想，於是Rick的情路越走越坎坷。

而Sam就不一樣了，因為他在約會時的從容、體貼、不躁進，哪怕最後跟約會對象真的沒有發展成戀愛關係，對方也都覺得他是很好相處、很棒的人，十分樂意繼續和他維持友誼，甚至還會叫他一起來參加自己的朋友聚會。

Sam的某一任女友，就是在變成好友的約會對象的生日派對上認識的。

Sam的「異性資源」，就是透過好好經營每一段情誼來擴張的。

哪怕你現在的約會對象不適合你，他的朋友裡可能也會有適合的。如果因為戀愛不成而放棄一段可能的友誼，那麼我們就錯過了認識更多人的機會。

第二個好處：習慣掌控曖昧的火花。

換句話說，「把約會當成一種生活方式」能夠帶給你的是一種「練習」，就像考試前做模擬題是一樣的道理。

當你已經很習慣處在帶有吸引力火花、調情火花的氛圍裡，並且從過往的經驗裡琢磨出同理心、知進退等能力時，一切就變得駕輕就熟。

這樣的你，當命中注定的那個人出現時，絕對有足夠本事去贏得他的心。

第三個好處：魅力與自信的提升。

當你知道自己熟悉、擅長某件事，自信與安全感就隨之而來，而這兩個東西，正是構成「魅力」不可或缺的元素。

關於「想讓自己異性緣變好」這件事，我還有一個非常好用的法寶。那就是——模仿其他異性緣好的人。

聽上去好像不太對勁，這難道不是在放棄自我嗎？

其實人的學習能力，很大一部分就是透過模仿來的。剛出生時我們模仿爸媽，在校時我們模仿老師。

英文裡有句俗諺：Fake it until you make it.（演久成真）。

比如Rick發現了Sam身上那些讓他情路順遂的特質，風趣、自然、體貼、懂得分享身邊有趣的故事來拉近彼此的關係……等，若Rick有心將這些事情學以致用，可能一開始會有點彆扭，但用久了，轉化為適合自己的風格之後，這些良好的特質也會變成Rick的一部分。

我有一個萬人迷好姐妹，不僅外表亮麗，生活方式也同樣亮麗，就算工作得再累，她的家也永遠整整齊齊、妝點得像IKEA的樣品間。

每次去她家，她都會點起一盞香薰蠟燭、放起輕快雀躍tropical house歌曲，她的家永遠像一個溫煦的夢，讓人感到無比放鬆。

這樣的「生活儀式感」讓我喜歡到不行。

我完全可以想像，她約會的男生初次進到她家時，一定也會有像我一樣的感受，驚豔、欣賞、沉溺其中，不想離開。

她的家，代替她向其他人證明了「這個女生不僅外表漂亮，同樣也有本事把人生打理得漂漂亮亮」。

於是，我把她的這個優點學了起來，在我搬去上海、租下自己的一方小套房時，我換上好看的窗簾，掛上繁星點點的小燈串，擺上擴香瓶與香薰蠟燭，不僅讓所有到我家的好友都稱讚「妳家真漂亮！」也讓約會對象刮目相看。

而我自己本身，也確實從中獲得了更多的自信。畢竟，天天睜開眼、就看見自己費心打理的舒適空間，還有什麼比這更讓人感到熱愛生活呢？

給閨蜜的悄悄話

是人都想親近美好的事物。

Chapter

13 「發光點」，你的優勢所在

「發光點」可以說是一個人身上最重要的一樣東西了。

我們一定或多或少都聽過類似這樣的描述——

「Gale本人看起來一般般，但他一跳舞就變好帥喔！」

「Michelle也不是特別正，但是……每次看到她認真解題的側臉，我就不知道為什麼會看呆……」

「本來對Darcy沒什麼感覺的，可是上次去參加他帶的公益活動之後，莫名其妙就被電到……」

很多人都有這樣的體驗，一個外在條件普通、第一印象一般的對象，某天突然就在我們心裡落下了抹不去的影子……

很多人把這解釋為命運、緣分，不過更多時候，這其實就是發光點在作祟。

「發光點」也就是「你做起來會發光的某些事情」，每個人的發光點都不一樣。

由娜塔麗．波曼和史嘉蕾．喬韓森主演的電影《美人心機》，講述了亨利八世在與凱瑟琳王后的婚姻末期，出軌、與情婦相戀、離婚並改立安妮皇后的故事。

故事一開始，面對安妮的色誘，亨利八世並未感到十分心動，而在墜馬意外後，更是轉而愛上照料自己傷勢的安妮的姐妹——瑪麗。

安妮得知自己引誘皇上的計畫失敗，意中人硬生生被姊妹搶走，感到氣急敗壞，她大聲質問瑪麗：「我不知道妳幹了什麼好事！我只知道妳跟一個男人在房間裡待上不到半天，他的心就被妳奪走了！」

才剛與朝廷小官員新婚不久的瑪麗，對這樣的指控感到又傷心又迷惘：「我什麼也沒做！」她說，「我只是跟他分享我與我丈夫的事情……」

的確，瑪麗沒有說謊。

在國王房內，她盡到一個人民臣子的本分，替國王擦洗手上的傷口。

國王看見了她的婚戒，便問她：「妳結婚了？」

她乖巧的回答：「是的，陛下。外子是威廉・凱瑞。」

國王繼續追問：「那我怎麼從未在朝廷活動中看見妳？」

瑪麗笑了笑：「我說服外子先留在郊區，讓我們再多享受一下祥和寧靜的兩人時光……」

瑪麗絮絮地談起自己與新婚丈夫的未來計畫，她的眼神安逸溫柔，充滿了懵懂少婦的純真冀盼。

就這樣，在眼神中盡是心機與誘惑的安妮的對比下，亨利八世愛上了瑪麗。而瑪麗如她所說，不過只是與國王分享自己與丈夫的事情罷了。忠於家庭、盼待生活，這就是瑪麗的「發光點」。

當她說起這件事，她眸中的神采就在「發光」。

「發光點」，不一定要是很厲害的才藝、或者很傲人的成就，只要是你真心熱愛、覺得有其「無可替代的價值」的事情，都能夠成為你的「發光點」。

我與友人Rachel說起「發光點」這個概念，並且告訴她：「我異性緣最好的時間段，都是我有在發光的時候。」

這是事實，大一剛進入理想大學、自己打工賺錢、離家獨立搬到陌生城市那時候，大約是拜身上那股青春自豪、純真傻氣所賜，桃花旺得不得了，時間最久、最穩定的一任男友也在那時出現。

大學畢業後，帶著迷惘進入職場，再度離家搬到另一個城市。

當時的我，尚未釐清自己到底想做什麼樣的工作，心中永遠在懷疑自身能力的不足，那是我人生中結識最多異性、異性緣卻最差的時光，我認為跟那時候我的黯淡無光、自我猜疑有很大的關係。

Chapter 13
「發光點」，你的優勢所在

異性緣再度好起來，是開始做YouTuber、並且事業逐漸上軌道之後，待人接物都有了底氣，不再懷疑自己的能力，加上做的是自己喜歡的事情，終於重新回到熱愛人生、自豪幸福的狀態，異性緣也跟著再度旺了起來。

Rachel有些不解地問我：「那發光點應該要怎麼找？」

想尋找自己的「發光點」，首先必須得先回顧一下至今為止的人生。有沒有哪些片刻，是你感到特別有成就感、特別喜悅滿足、或者特別有動力熱情的？如果有的話，你當時正在做什麼事情？

這些事情，很可能就是你的「發光點」來源了。

聽完我的話，Rachel想了想，回答我：「嗯……考上第一志願的大學吧……」，她停頓片刻，又說，「但那好像也沒有太開心，頂多只是一種證明了自己的能力、可以交差了的感覺……」

跟Rachel狀況相似的人很多。

他們內心裡，確實有一股想證明自己的欲望，然而卻不知道從何證明起。考上大學、升官加薪，這些事情固然很棒，但感覺上去卻又沒那麼棒。

歸根究柢，這是因為還不知道自己到底「想要什麼」。

因為對於「人生的目標」沒有頭緒，所以走到哪都像漫無目的。

我繼續引導Rachel：「那，妳現在想像一個……會讓妳感覺超級快樂的理想未來。」

Rachel眨眨眼，凝神細想。

我說：「在這樣的未來裡，妳擁有什麼？過著怎麼樣的日子？空閒時間會去做什麼事？身旁的人是誰？」

半晌，Rachel不太確定的開口：「我想要有自己的房子，賺到夠買喜歡東西的錢，空閒時間會去漂亮的地方度假，身旁有一個愛我的人……」

我點點頭，這也是許多人心底的願望。

其實，大多數人在內心深處，早就已經知道自己渴望過上什麼樣的生活，只是缺少將它說出來、制定計畫、並且付諸實現的行動力。

「那麼，」我替Rachel總結：「妳追求的就是穩定、收入好的工作，能夠自由支配的充裕假期，以及良好的愛情。」

「大家不都想要這些嗎？」Rachel問。

「確實，」我說：「但是每個人達到這些目的的方法都不一樣，而當妳制定好妳的方法、並努力去實現它的時候，妳就會找到妳的發光點了。」

尋找發光點（尋找自己的優勢）來完成人生目標的幾個方法：

- 回顧那些人生中覺得很有成就感、很滿足的時刻。
- 想像一個快樂的未來，是什麼使你如此快樂？
- 列出那些你想做卻還沒有去做的事。
- 想想哪些是你擁有的、別人會覺得很厲害的特質。

給閨蜜的悄悄話

自我實現，就是努力發光發熱的過程。

Chapter

14 愛是只問付出，不問回報？

「愛一個人，就要為她付出啊！」我的朋友小陳在被所有兄弟怒斥「鬼遮眼」之後，義正辭嚴地這樣和我哭訴。

小陳和他的女友在網路上認識，這名叫Angela的女生，自始至終給小陳的態度都不明不白，嘴上說可以交往，私底下卻還是跟各種男生曖昧，時不時又使出撒嬌功力，哄得小陳給她買這買那。

更扯的是，當小陳騎車出車禍、受傷住院時，Angela卻以「工作很忙」為由，從未前去醫院探望。當時是週五晚上11點，Angela的工作並不是需要加班的那種，果不其然，兩小時後就有朋友在東區KTV看見她精心打扮的身影。

面對這種慘況，小陳選擇相信Angela的說法：「她是陪同事去應酬。」

在小陳心中，這樣無節制的付出，是他向Angela證明自己愛她的做法。然而，他想證明的對象真的是Angela嗎？還是明知無力hold住Angela卻又不肯放手的自己？

愛=付出，這個等式也對也不對。

愛，應該是雙向的付出，互相的關心。

喜歡可以是單向的，而愛應該是靠雙方互動去累積起來，更深層的情感繫絆。

如果我們與正在發展關係中的對方，尚未建立起足夠的「互相喜歡」或者「穩定互動」，就立刻進行過早或過多的「以愛為名的付出」，無疑是在自毀毀人。

就像小嬰兒還沒長出牙齒、無法咀嚼，硬是餵他吃下山珍海味、鮑參翅肚一樣，他會死的。

近幾年網路盛行之後，「公主病」議題的火熱始終居高不下，每過一段時間就會看見相關的文章，或者撻伐這塊土地上女生們的驕縱，或者話鋒一轉，數落起被當「奴才」的那些男生。

「公主病」或「王子病」這些現象，與「過早或過多進行以愛為名的付出」，基本上可以放在一起討論。撇開那些從原生家庭裡帶來的嬌氣，很多人的公主、王子病其實是後天養成的。

Angela的故事正是這樣。

在剛上大學的時候，Angela只是一個小康家庭出身、爸媽管教略微嚴格、三觀品行都還算端正的姑娘。

由於讀的科系男多女少，Angela又頗懂打扮，於是桃花空前絕後得旺了起來。

學校裡那些男孩子們，總是前仆後繼、爭先恐後的示好，Angela在臉書上隨便發一則「在宿舍好無聊，想吃雞排啊啊啊啊……」的貼文，立刻有三、四個男生私訊密她：「想吃哪家的？我幫妳買！」

裡頭更有兩個男生，分別在十分鐘後各自將買好的雞排送到宿舍樓下。當天深夜，Angela和室友吃著這些愛慕者送來的雞排，其中一名室友撇著嘴說：「妳不如再發一篇說吃完雞排想喝珍奶吧……我好渴XD」

固然是女孩們之間開玩笑的話，然而卻也赤裸裸地道出了人性，有一就有二、得寸進尺都是人之常情。

最開始的時候，Angela還會覺得有些不好意思欠人情，所以也不是很經常使用這些愛慕者的勞力。直到她和第一任男友Max交往，一切急轉直下。

Max是所有愛慕者當中追求Angela追得最賣力的，他幽默風趣，也頗有才氣，自然很容易在懵懂青澀的其他少年中脫穎而出。Angela答應了Max的追求，他喜出望外，發誓會用盡一切所能來對Angela好。

Max說到做到，所有Angela喜歡的東西，他拚了命也要買來。當Angela鬧脾氣不開心的時候，他自責、焦躁，不斷地道歉又不斷地去哄。Max把Angela捧在手掌心，就像奴才對公主那樣，任勞任怨終不悔。

後來，他們倆紛紛畢業，Max去當兵，Angela受不了聚少離多，兩人分手。Max傷心欲絕，Angela卻顯得不甚在意，她覺得自己已經充分得到過Max，這樣的失去根本不值得珍惜。

Max走了，然而Max養成的那些習慣卻留下來。

Angela理所當然的認為，愛她的男人就是要不停的付出，隨傳隨到、精心呵護、買這買那、任由她自由的去飛翔還默默守候在旁邊。

她本人並不覺得這樣是錯，畢竟，她曾經得到的愛情就是這樣，無道理接下來的不按照這個模式。

一個並未自覺的奴才，養成了一個並未自覺的公主，然後公主又繼續去把更多並未自覺的愛慕者變成奴才，循環生生不息。

2019年3月，我在YouTube上發布了《網友最討厭的公主病行為》影片，除了陳述哪五種行徑最讓人白眼以外，也開放給觀眾投票：「到底是先有奴才還是先有公主？」

而最後的投票結果，認為「先有奴才」的觀眾高達69%。

這是一場以愛為名的觀念綁架，其中混雜著自信心浮動、成熟感情觀缺乏、需求感失衡。

流程大概是這樣的：

- 深信「愛就是要付出」這個觀念。
- 相信付出可以打動對方，其實，在付出的過程中，更被打動的是自己。
- 由於自信心浮動，因此無法堅守一個良性的框架（框架這個概念我們稍後解釋）。

● 不論是家庭還是學校教育，基本上都不曾深入灌輸孩子「同理心」、「成熟感情觀」或者「戀愛上的危機處理能力」。

● 一旦對某個人有好感，就把他當成唯一，滿心希望開花結果，導致得失心太重、暴露太多需求感，於是關係在前期就處於失衡狀態。

像Max以及小陳這樣的人，在「以愛為名的付出」中迷失，忘了在愛別人之前，應該要先學懂怎麼愛自己。

先懂得替自己付出，才能明白如何正確的對別人付出。

而替自己付出，很重要的一部分便是懂得設立「停損點」以及「框架」。

「框架」是你的一把尺，是你有所為、有所不為的底線，而「停損點」是你「框架」的一部分。「框架」是不管在任何時候都要堅守的原則，「停損點」則是因對象而異、要適時去做出調整的參考線。

比如說，大多數人都適用的「框架」可以是：「如果沒有確立關係，就絕對不做某些太重大的事情，或送某些太貴重的禮物。」

而小陳的「停損點」則可以是：「如若對方讓自己感到不受重視超過特定時間（如一個月），不管再痛都必須當機立斷、做出改變。」有「框架」的付出，才是良性的付出，才是不會一味把對方寵壞的付出，才是對於建立一段健康關係有利的付出。

而付出一定要是雙向的，這也是為什麼「停損點」的設立非常重要的原因。單向的付出，到最後一定是輸。

給閨蜜的悄悄話

框架就是你的鎧甲，穿好再上戰場。

Chapter

15 心誠則靈的吸引力法則

「你若盛開，蝴蝶自來。」這一直是我最喜歡的幾句話之一。在這一章，我想要延續第13章「發光點」的概念，並且佐以「吸引力法則」補充，與你一起建立一套最適合你的「聚焦體系」。

先來看看「吸引力法則」的幾條心法：

- 目標要明確。
- 思想造成結果，心態決定命運；正面思想與心態帶來正面結果，反之亦然。
- 接受現實、制定藍圖，有夢想之餘也要將客觀存在的障礙給納入考慮、想辦法解決。
- 真心愛上自己的願望（目標），並時刻提醒自己。
- 努力付出不偷懶，專注在已經制定好的道路上。
- 斷捨離，不要被不想要的東西影響。

香港女作家深雪的小說《女神門》裡，就描述了一個少女從無魅力、被拋棄、喪失生命激情，到運用吸引力法則找到發光點後，創造出截然不同亮麗人生的過程。

《女神門》一書的名字，來自於書中角色瑪阿特祭司告訴女主角雲晴的一段話。

瑪阿特祭司說：「人這一生的所有決定，都是一扇扇命運之門。生命中可供推開的門何其多，這些門多半圍繞著你現有的個性、特質，引領你走向大同小異、偏好或偏壞的結局。但是，生命是一場創造，有一些人，可以靠自己的能力、選擇，去突破命運的極限，創造出連神廟祭司都會吃驚的人生。那些人推開的門，就叫做女神門。」（因為主角是女生，如果你是男生，這個門也可以叫做男神門。）

女主角雲晴幼年度過了悲慘的人生，在八歲那年，雲晴差一點死掉的危難關頭，是將軍二兒子，當年十三歲的柏沙拿頓給了她活下去的勇氣。

從此，兩個青梅竹馬的孩子一起長大了。雲晴瞎了一隻眼，身形單薄瘦削，由八歲長到十五歲，基本上還是一個毫無存在感的小透明。她在大宅子裡做烹飪的工作，按照書裡的描述：「見過她的人，都說不出來她長怎麼樣，只記得是獨眼的。」

柏沙拿頓與雲晴相反，他長得高大英俊、氣宇軒昂。雲晴從八歲開始暗戀柏沙拿頓，柏沙拿頓心裡也知曉，兩人卻都不說破，只維持著純潔的親密友誼。而在柏沙拿頓二十歲這年，他隨將軍父親出使鄰國，在這趟旅程中，他邂逅了火辣治豔的鄰國郡主達達芙，兩人墜入情網，火速訂婚，預計隔年在柏沙拿頓和雲晴的老家完婚。

雲晴得知這件事後，再度喪失了活下去的動力，彷彿又變回了那個從小受盡欺凌、無人關心的弱女，數度嘗試自殺，直到她被瑪阿特祭司所救。

瑪阿特祭司循循善誘，醫治好她的傷勢，又陪她談心。瑪阿特祭司說，改變人生的第一課，就是「說出自己的人生願望」。

有趣的是，雲晴一開始甚至不敢將願望宣之於口。其實許多沒有自信的人都會有這樣的恐懼，認為自己不夠好、做不到，根本應該「連想都不要想」。

瑪阿特祭司就告訴她：「生命不能給你那些你以為你無法得到的，生命只能給你一切你認為你應得到的。」

在這樣的開導下，雲晴終於坦然面對她的五個願望：柏沙拿頓、美貌、成就、獨立和尊敬。

這也就完成了吸引力法則的第一步：「目標要明確。」

而接下來的幾個步驟「發揮正面思想的力量」、「接受現實與制定藍圖」，深雪則統一稱為「結果思想法」，也就是先決定好結果／目標後，再反推能夠達到這些目標的過程，並將之付諸實現。

雲晴擅長烹飪，也真心喜愛烹飪，那這就是能夠成為她「發光點」的事情。

然而，瑪阿特祭司又說，如果只是待在大宅裡繼續做幫廚，她的才能將會受到限制，沒有辦法發揮最大值，最終只會白白浪費掉發光點的潛能。於是，在一番討論過後，雲晴決定開設餐廳，讓自己能夠不受限的創作出優質的料理，也讓這個發光點同時成為她的生財之道，進而同時完成她「成就」和「尊敬」這兩個願望。

故事進行到中段，雲晴在瑪阿特祭司的帶領下，一步步學懂如何愛上自己，行使正面思想，充分發揮自己的發光點。

對於不太理解「吸引力法則」具體操作方式的讀者，這本書無疑是很好的教科書。通過閱讀女主角的故事、與女主角同情共感，我們能夠更好地投射反思自己的故事，最後和女主角一起推開屬於人生的男神、女神門。

在我國二那年，看到《女神門》這本書之後，著實得到了影響一生的啟發。

尋找發光點、發揮發光點，是一條永無止境的道路，不管活到多老，都可以再完善、再添加。它沒有最閃耀，只有更閃耀，而只要它開始閃耀，就代表你已經創造出了你的魅力。

就拿我本人來說，我從小就喜歡寫作、也喜歡繪畫，看上去人生有兩條可能的路可以走：文字相關或藝術相關。

大學時期，我選了藝術系，卻也同時認清了畫技不如人的事實，若要成為專業的設計師、藝術家，實在是有點勉強，只適合將之當作私下的興趣，或者未來事業有成時錦上添花的才藝。

文字相關就有比較多的選項：報社記者、文案企劃、媒體公關、行銷人員……

然而，對於一個喜歡「原創寫作」的人，始終只有「作家」才是心中永遠的嚮往，就如同雲晴如果一直待在大宅內當幫廚，她做的菜一定會受大宅主人的口味限制，而無法隨心所欲。

有些人適合有規範、有特定市場的東西（比如品牌活動策劃、綜藝節目製作……等），而對於一個藝術家個性、喜歡自由的人來說，這無疑是一種痛苦。

於是，先初步排除了這些可以走、但我們不想走的路，接下來就是面對自己「真正最想走的路」。

我給自己制定的路就是：可以靠文字相關的原創來養活自己，並且同時對「我要出書」這個目標有幫助。

縮窄到這樣的範圍後，當時只剩兩個選項：微信公眾號，或者YouTube。最後，我選擇了YouTube，設立了頻道，將目標再度調整成：「一年內努力創作影片，如果能夠達到『養活自己』這個程度，就繼續做；如果不能，就乖乖回去從那些不想走的路裡挑出比較想走的一條。」

秉持著「反正就努力做，盡人事聽天命，有盡力就好」的正面心態，一路走到了今天。

很幸運，YouTube頻道養活了我，而出書的目標也達成了。

當我們每完成一個目標，就會變得更有自信、更懂自己，在開心、滿足一段時間之後，就是時候重整旗鼓，制定下一個目標，因為停滯不前、很多時候其實就等於退步。

那你呢？你心中，有看見自己的發光點隱隱約約在閃耀了嗎？

你若盛開，蝴蝶自來。

Chapter

16 脫單前一定要想清楚的事

我的前同事阿宏，今年二十八歲，很想談一場「認真的戀愛」。

然而，我們都一直認為他用錯誤的方法在尋找真愛，因為他總是在社群網站、交友軟體上跟人約一夜情，然後又經常愛上一夜情的對象，他以為從肉體關係能夠迸出真愛的火花（確實可以，只是在亞洲這種保守的社會相對來說很少），所以屢戰屢敗。

想要尋找一段「認真的感情」前，可以先放空腦袋，幻想一下「理想另一半」的形象——

- 1—10分，對方的外表至少要有幾分。
- 對方的工作型態？（自由業、朝九晚五、常加班、常出差……等，這會影響到你們可以兩人單獨相處的時間。）
- 對方的興趣愛好？（是否有特定項目？如運動、文藝、電影、美食……等。）
- 對方的個性特質？
- 對方的金錢觀與收入狀態？（懂生活懂享受？勤儉持家？手頭寬裕？）

- 對方的未來藍圖？（事業規劃、人生規劃、有無出國或旅行等計畫……等。）
- 對方的世界觀？（安居樂業型？國際接軌型？熱愛探索型？）
- 其他需求。

想得越詳細、畫面越清楚，可以幫助我們判斷哪些是一級重要的特質，哪一些是必要時候可以捨棄的加分項。

在我將這張清單丟給阿宏之後幾天，他終於歸納出來自己的理想型條件：外貌5—6分，普通朝九晚五上班族，喜歡電影、美食、音樂，個性要溫柔、善良、體貼、可愛、單純一點，金錢觀就普通受薪階級的開銷模式，而未來藍圖希望是可以五年內結婚的穩定類型。

我看完他的條件，差一點想巴他的腦袋：「這種女生看起來像是會去跟你約一夜情的女生嗎?!」

阿宏居然給我露出瞠目結舌的表情：「好像不會欸！」

認清自己，不管在人生上、事業上還是戀愛上，都是非常重要的一件事。

古希臘著名的太陽神廟「德爾菲神廟」就將這句話當成了其中一句警示格言。

德爾菲神廟的女祭司，每年會有九天開放頒布神諭，德爾菲的神諭之準聞名天下，在那九天當中，所有王公貴族、帝皇將相都會來求取預言，許多小國的存亡、戰火的延燒或結束，都受到德爾菲女祭司話語的影響。

德爾菲神廟的巨大門柱上刻著兩句格言：「認清自己（γνῶθι σεαυτόν）」以及「過猶不及（Μηδὲν ἄγαν）」。

會大老遠在這九天跑到德爾菲所位於的深山裡求取神明開示的人，他們的欲求一定也非同尋常。（你絕對不會因為男朋友出軌而大費周章從雅典跑到德爾菲，不眠不休的步行要一天又九個小時，而且是山路。）

對於這些懷抱遠大目標或計畫的權貴人士，神明的警示便是這兩句——認清自己，過猶不及。

雖然我們不是皇親國戚，但認清自己對任何人來說都同樣重要。只有認清自己，認清自己喜歡什麼、不喜歡什麼，適合什麼、不適合什麼，我們才能夠做出正確而且及時的判斷。

Theme
Theme

阿宏從來沒有想過「理想另一半」的條件，這就是沒有在認清自己的行為，如果他不認清自己真正想要的是怎樣的伴侶，他可能會繼續一夜情直到三十五歲，始終還找不到心中那個真愛。

完成具象化「理想另一半」的條件之後，我們可以繼續發揮想像力，問問自己：「這樣子的異性會喜歡什麼樣的對象？」

同時，我們也要站在客觀的角度，認清自己的條件。

- 當我在要求對方外表時，我給自己的外表打幾分？（顏值天注定，可靠運動維持健康體態、穿著打扮讓人賞心悅目。）
- 我目前的工作型態是否為加分項？若是，可以如何更上一層樓？若非，該如何改善？
- 我是否有可以侃侃而談、跟人分享的興趣愛好？
- 我的個性特質有哪些讓人欣賞的地方？
- 我的金錢觀與收入狀態是否能與「理想另一半」匹配？
- 我的未來藍圖是什麼？
- 總體來說，我有沒有讓「理想另一半」愛上我的本事？

這些問題看上去十分嚴肅，甚至有可能讓人感到稍稍沉重。

但是，說句現實一點的話，戀愛關係本來就是一場價值互換，單純、未經世事的孩子們拿感情換感情，出了社會以後，成熟一點的大人在感情之外，還要看生活上有沒有辦法互相協助提升。

當你希望另一半富足你的人生時，另一半同時也抱持著這樣的希望。

如果，你的人生沒有因為跟他交往而變好，反而還越變越差，那這件事情到底有什麼必要？

說穿了，人是自私的。若我們不想體驗到這種自私帶來的挫折，就只能努力提升自己的魅力與價值，讓自己成為有選擇的人。

給閨蜜的悄悄話

認清自己，才知道快樂和幸福要從哪裡來。

Chapter

17 劈腿＝渣男？

回憶是很重要的，不管是開心的回憶、還是痛苦的回憶，都不應該白白被忘記。

因為那些都是造就「你」成為「現在的你」的寶貴經驗，若是把這些東西忘掉、抹煞、不去觸碰，其實也是抹去了你本身重要的一部分。

而「重溫過往」和「鑽牛角尖」，有著本質上的區別。

Vivian是一個喜歡「重溫過往」的人，Helen則是一個「鑽牛角尖」的人。

Vivian曾經被最親近的人背叛、苛待，她到現在還是時常回想起這件事，然而在每一個不同的人生階段，每一次回顧都帶來不同的省思。

曾經，她很恨那個人，覺得他是毫無道德與良知的壞人，她用受害者的角度，捧著自己破碎的心，不斷的去檢討對方有多麼不應該。

一年過去，她在人生中繼續好好活著，當她再重溫這件事，她發現自己漸漸可以冷靜下來、去剖析當初對方為什麼會想要這樣做。

了解了動機，就瓦解了某部分盲目的憎恨或痛苦，雖然仍舊知道對方待薄了自己，卻又能以同理心接納這件事情的發生。

兩年過去，Vivian過得有聲有色，她逐漸開始發覺，自己當初也有幼稚、無理的地方，這並不改變對方傷害過她的事實，只是，她在同一段回憶裡，跳脫了受害者的角色，開始領悟到自己的不足之處。

Helen和Vivian不同，Helen在遇上傷透她心的劈腿渣男後，始終走不出來。

Helen時常想起這件事，然而每次想起，又都是一次自厭厭世的過程。

如今已過去三年，Helen還是在想：「他憑什麼這樣對我？」、「他為什麼這樣對我？」、「是不是我哪裡配不上他？」、「難道他覺得我不值得全心全意的愛？」

Helen沒辦法用「同理心」以及「自省力」來回顧一段挫折的往事，導致她成為了一個鑽牛角尖的人。夜深人靜的她沒法快樂，想不透的結一直打在心上，掐得太緊太久，剩下一種麻木的疼痛。

Helen和Vivian除了在「回顧往事」的模式上不同，她們在「面對創傷」的方式上也不同。

Vivian被親密之人苛待、背叛後，雖然偶爾會和朋友出來聚會，喝酒、唱KTV、對夜景嘶吼，在友人的陪伴下抒發壓力，不過更多的時間，她選擇待在家裡。

那時候，大家都想約她出來散心，大家都想幫她，而她則和緩的告訴每一個人：「沒事，我需要一個人靜一靜，慢慢想、慢慢安撫自己，讓情緒過去，就好了。」

Helen被劈腿之後，基本上對於「獨處」的時光感到恐懼至極。她說：「每當我從熱鬧的地方回到家，看著安靜的房間、沒點燈的窗台，我就會突然心痛如絞，我會開始哭、開始歇斯底里，開始想起跟他一起度過的時光……」

於是，她夜夜笙歌，去夜唱、去酒吧、吃宵夜、開通宵麻將趴，她在每一場聚會裡盡情的笑、在KTV裡唱眉飛色舞唱到喉嚨沙啞，在麻將趴上因為贏了一千塊而開心尖叫。當有人問起她關於前男友事，她會仰起臉來傲氣的說：「他喔？我就當他死了！」

「當他死了」，可是他明明活得好好的在那裡，這就是自欺欺人，最終導致自厭、厭世。

面對創傷時，找朋友出來緩和情緒、轉移注意力，往往是大家所選擇的方式。

其實，健康的做法應該是適度的安排「與人交流」的時間和「獨處」的時間，並且達到一個平衡。

遇到挫折時，我們可以採取這三個流程來處理：

1. 獨處。
2. 消化。
3. 思考。

「獨處」之所以很重要，是因為如果只通過「與人交流」的部分來面對創傷，我們難免會被「他人對這件事的認知」給影響。

比如，Helen的男友雖然劈腿，但確實也曾真心地愛過她。他的劈腿並不是十惡不赦、慣性曖昧的那種人渣劈腿，只是一個尚未明白自己在愛情路上想要什麼的男人、做了一件自己沒能力好好處理的事。

然而，Helen的朋友為了安撫她，常常選擇說出這樣的話：「吼！渣男！不要理他了啦！」、「啊他就是渣啊！妳看他之前某件某件事的時候，那態度我早就想叫妳ㄘㄟˋㄧㄘㄟˋ了啦！」、「這種人渣不要再想他了啦！」

好好一個曾經真心相愛的人，一來二回的在朋友口中就變成了無可饒恕的渣男，漸漸的Helen也傾向接受朋友的意見，產生了：「她們都說他是渣男，我也覺得！我怎麼這麼可憐，遇到這種爛人……」的想法。

這就是被「他人對這件事的認知」給影響到「扭曲事實」的例子。

我們的創傷發生在我們身上，這些創傷就跟我們的手、腳、心臟、腦袋一樣，都是屬於我們一個人的，只有我們才知道他的原貌是怎樣，他的小細節、他的敏感、他的珍貴與弱點，只有我們瞭如指掌，別人不可能比我們更清楚。

在「獨處」的時候，我們就完全不受「他人對這件事的認知」干擾。

我們能夠好好的放空心思，把一些想不通的事情重新叫回腦海裡，細細拆解，細細品味。

只有在獨處的時候，「消化」與「思考」才有可能好好發生。不受外力打斷、不被別人左右，完完全全屬於我們自己。

「消化」用另一種方式來講，其實就是「接受」與「理解」這件事的本質。比如Vivian，她在一年後，理解了對方為什麼選擇苛待、背叛她。她能夠接受這件事的本質：有時候，人在觸及利益的時候，就是有辦法選擇犧牲一個親近的、無辜的人，因為他心中對於利益的排行高過你。只有真正接受與理解了一件事，才有辦法進行後續的思考、反省。

比如Helen，她始終認為前男友辜負她就是因為「他是個渣男」。但，這是誤解。Helen並沒有接受與理解，這樣的情變之所以會發生，其實是因為兩人的感情疏於經營、對於彼此的感覺都淡了，男友在公司遇見性格活潑又可愛的同組女同事，朝夕相處下，無可避免地動心。面對這樣的難題，男方不知道該怎麼處理，他一方面覺得對Helen有愧、一方面又無法抑制自己對女同事的感覺。最終，被Helen發現曖昧的簡訊，大吵一架，而後分手。

僅僅用「他是個渣男」來解釋這件事，不僅沒有把男友曾經付出過的真心給納入考慮，也忽視了Helen自己在感情處理上可能存在的問題。男友劈腿固然不對，但如果用「否定對方人格」來理解這件事，其實是抑制了自己在挫折中成長的可能。

如果你此時正在經歷挫折，或者心中有一件創傷尚未釋懷，放寬心，不要急。

有些東西不是想不通，是時候還未到。

只要我們在人生各式大小事發生的同時，懂得去回顧過往、與曾發生過的事情做出連結，往往就可以發覺很多新的看事情的角度。

給閨蜜的悄悄話

獨處、消化、思考，才能讓自己從傷痛中解脫。

Chapter

18 玩玩不一定是壞事

以前的人類，有傳宗接代的壓力、壽命較短、多數人無法接觸到海量的資訊，可以活得很單純，從零歲到平均壽命四十歲，出生、長大、勞作、婚配、繁衍、養育、死亡，往往就是一個人的一生。

而今天的我們，台灣人民的平均壽命為八十歲。整整八十年，我們有乾淨的飲用水、唾手可得的能源、滿街的食物、遮風避雨的屋子……在我們每個人的手中、口袋裡、桌上，擺著小小的3C產品，能幫我們瞬間接觸全世界的各種知識。

我們有更多的時間、更多的管道來享受人生、了解自我，來選擇一個「最適合我們的伴侶」以及最舒適自在的人生。

雖然，我們時常嚮往著「一見傾心」、「一吻定情」的愛情故事——在最短的時間內遇到最愛的人，互訂終身走入禮堂，一切彷彿命運的安排，從此高分修完了戀愛這門課。

不過，這世界上大部分的年輕人，即便你現在就把「最適合他的伴侶」送到他眼前，他也未必能認得清楚對方的價值，甚至，他也許都不會喜歡上對方。

我的朋友Dave對此感觸頗深。

Dave是很多人眼中的「玩咖」，原因無他，因為他一直換女友。他不劈腿、不偷吃、不亂搞曖昧，但就是女友一直換，平均戀愛週期不超過三個月。跟他交往、分手的這些女生裡，有些會在分手後憎恨他，有些則可以和平收場、甚至維持朋友關係。做為Dave的死黨之一，我們早就習慣每次聚會看到他帶不同的妹子出現，也識相的不會在新妹前聊起舊妹的事。

Dave現年三十多歲，曾經差點走入婚姻。

那是大學時代的戀情了，他是大四學長、對方是大二學妹，兩人愛情長跑五年，互相見過彼此家長、會去對方家裡拜年，兩家人甚至會一起去旅行，外人看來都覺得他們的關係穩定順遂無比，甚至一度連他們自己都這樣以為。

交往的第五年，Dave已經在著手準備求婚的事，女友卻在這時提了分手。

她沒有劈腿、沒有偷吃，也沒有亂搞曖昧，但是她告訴Dave：「當我看著你，我不知道我的感覺到底還是不是愛。我希望你好、希望你的家人好、跟你相處在一起很自在很輕鬆，但那種感覺真的好像家人……」

Dave不能理解：「所有的愛走到最後，不都是這樣的嗎？我爸爸媽媽也是這樣的啊！」

女友搖了搖頭：「那你覺得我爸爸媽媽是這樣的嗎？」

Dave沉默了。女友的爸媽，確實是異常恩愛的一對，即便七老八十了，出門還是會像熱戀般手牽手、互相調笑，媽媽看向爸爸的眼神裡永遠有晶亮的火花。

女友說：「你是我第一次認真的感情，但是，我不希望在未來有一天，我們會發現……原來當初結婚，只是因為習慣、因為水到渠成，因為這是看上去最順理成章的一條路。我想要嫁給被愛情驅動的選擇，不想要嫁給最合理的選擇。」

面對女友的話，Dave感到喉頭發緊，緊到發疼，他啞著嗓音問道：「所以，說穿了就是妳不愛我了？」

女友有些苦澀的笑了笑：「愛是愛的，而且愛到很懂你。你喜歡吃什麼東西、玩線上遊戲只玩戰士型角色、覺得被別人麻煩到的話就會很躁鬱、看到很有義氣的劇碼會熱血沸騰……很多時候，我甚至還沒跟你講話，就知道你會有什麼反應……」

Chapter 18

玩玩不一定是壞事

Dave皺眉：「那，為什麼要分手？」

女友說：「我愛你，我懂你。但我有好好愛過自己、懂過自己嗎？你又有嗎？」

Dave無言。他不能理解女友的話，但他從女友的神情裡已經看出了無可挽回。

於是他們分手了，Dave的爸爸媽媽也不能理解，他們也是年少相識，彼此都是彼此的初戀。在他們看來，互相都對對方好好的、也沒有誰虧欠誰，已經是最上等的關係了，卻為什麼不能走進婚姻呢？

而在決定分手後，Dave去女友家拿回自己的東西，女友的媽媽略顯惆悵，捧出Dave平常愛喝的水果茶、愛吃的點心來，嘆了口氣：「說真的，你爸媽可能會覺得我女兒古怪，這孩子從小時候就愛東想西想……」

Dave啜了一口水果茶，強忍住鼻酸：「我真的不能理解，但我尊重她的選擇。」

女友媽媽嘆了口氣：「在我認識她爸爸以前，談過好些段戀愛，有些是我很喜歡的、有些是人家對我很好的，後來我在認識她爸爸之後，我才發現那些都不是我要的。」這位年過半百，溫柔隨和的女人說，「那種感覺很難描述，有務實的部分，也有憧憬的部分……但願你們在未來都能夠遇上這樣的人吧……」

就這樣，他們正式分手了。

Dave本來下定決心，接下來的一段感情就結婚給前女友看，讓她目睹自己幸福的婚姻，好好想一想自己錯過了什麼。

結果，之後這一段感情，雖然對方很迷人、很可愛、很懂事，換句話來說就是「宜室宜家」的那種類型。但他就是完全提不起勁來跟她結婚，他想過千百種未來，沒有一種是合意的結局。

幾年過去了，Dave換了一個又一個女友，最久的一任維持了一年，在這個女生身上，他終於明白了那位前女友當年說的話。

「你為什麼就是不娶我！」在面對女友提出這樣子的抗議時，Dave突然覺得想通了。

「因為我還不知道自己想娶怎麼樣的人，想過什麼樣的婚後生活！」

Dave說：「我以為像我爸媽那樣互相敬愛、平靜到老，就是我想過的人生。但是並不是這樣……因為跟妳結婚，完全可以過上這種婚姻生活，可是我卻完全不感到期待。」

女友聽完，有一秒的怔愣，然後瞬間哭得唏哩嘩啦。Dave一邊安撫她，一邊感到既通透又迷惘。後來他提起這件事，總是說自己就像不小心打開了一扇一直不知道自己在尋找的門。

在Dave跟前女友分手後四年，前女友結婚了。對方是一個跟Dave完全截然不同的類型，穩重、沉默寡言、忙於事業、洞悉世事。

前女友舉行婚宴的那天晚上，Dave跟我們一幫朋友在KTV喝到爛醉，就是在那一次聚會上，Dave認識了Joyce。

兩人的關係是從酒後亂性開始的，Dave抱持著「找個異性來分散注意力」的心態，而從國外回來的Joyce則認為「找個還算欣賞的對象抒發慾望本來就是健康的事」。

正是因為Joyce的豁達，Dave從原先的感到愧疚，慢慢昇華成「欣賞這個女生的個性」的那種友誼，兩人頻繁的見面，有時候滾床單，有時候只是吃吃下午茶、看看電影。

有一次，Dave問Joyce：「妳不會覺得我很白癡嗎？都四年了，還念念不忘前女友？」

Joyce用一種你在說什麼的眼神望著Dave：「我覺得你不是『念念不忘前女友』，你念念不忘的是『未曾好好解決的困惑』，今天前女友就算換了一個人，你也還是會同樣糾結。前女友婚宴，你喝個酩酊大醉，不是因為忘不了的愛人另嫁給別人，而是你通過這件事反思自己，卻發現自己尚未明白自己真正要什麼，並且感到挫折。」

Dave傻住，Joyce將切好的鬆餅放進嘴裡：「但你居然四年了，還以為自己念念不忘的只是一個前女友，那真的滿白癡的。」

一年後，Dave與Joyce訂婚了。

Dave的爸媽祝福這件事，但並沒有像他們喜歡前女友一樣喜歡Joyce，畢竟Joyce不是他們那種類型的人。Joyce是和前女友截然不同的類型，她時而隨性時而衝動、自我、古靈精怪。

對於即將要和Joyce結婚，Dave表示：「我們絕對不會過上像我爸媽那種生活，我們可能會過年在家裡大睡七天，卻在某個平常的週末殺去台東住景觀民宿。我們也許會吵架、也許會離婚，但這就是我渴望體驗的生活的樣子。」

對於很多人來說，Dave跟Joyce最開始的那種關係，一定會被定義成「玩玩」的，兩個玩咖各取所需，絕對不會迸發出什麼真愛的火花。

「玩玩」其實有分很多種，傳統認知中的「玩玩」不外乎是享受曖昧、不敢負責任的玩玩，或者是喜歡刺激、又不願放棄自由的玩玩。

這一章裡提到的「玩玩」，比較類似於不自我設限、重在經驗而非結果的感情態度。

這並不代表你應該不認真投入對待一份感情，而是希望你能放寬心去面對「兩個人在一起，未必一定要修成正果，未必一定要天長地久」這件事。

能夠幫助彼此成長的「玩玩」，是你們都互相清楚、不強求未來發展，把重心、把愛全部都放在「相伴度過一段時光」，兩個人相愛，無法相守很正常，然而經歷與回憶會永遠存在。

還年輕的你，多去「玩玩」吧！多去「體驗」吧！
面對感情，認真但不強求，拿得起放得下。

不懂玩玩的人，多半也不懂長相廝守。

Chapter

19 在社交場合，找尋你的貴人

這年頭，每個人在生活中一定都有幾個瞬間，覺得自己罹患了「社交恐懼症」。

想一想，你剛出社會的時候，第一天上班已經夠戰戰兢兢了，午休時間只想一人放空一下，結果主管不知是出於友善還是禮貌，竟然對你說：「來，跟大家一起去吃飯吧！」

於是，你捧著你的便當，跟一群完全不認識的傢伙坐在一起，聽他們談笑風生。

他們的笑點你還沒辦法抓住，他們說的八卦你一概不知，你只能放空、或裝忙扒飯，你很想做些什麼來融入這個場合，但又怕第一天就不小心搞砸一切，最後，只能如坐針氈般地捱到午飯時間結束。

又或者，好友生日派對，你到了約定的KTV包廂，發現除了壽星以外其他全部人都不認識。他們唱嗨歌、彼此拼酒，你一個人坐在邊邊，無所事事，不知道該幹嘛。玩手機又顯得太自閉，要插話又找不到時機……

壓力更大的狀況，你可能今天陪同老闆或高層出席業界場合，或者一場活動裡充滿了「你想認識的對象」，然而，你卻因為沒有自信或沒有準備，腦袋一片空白、說不出話來，根本不知道該怎麼接觸那些寶貴的人脈。

T先生是一個從學生時期就貴人無數的成功男士，從研究所指導教授、給他第一份工作的上司、到提拔他高升的大老闆，一路上幾乎沒有嘗過什麼失敗。

談起他的貴人運，T先生說絕對不是運氣，一切都是他努力得回來的結果。

T先生說，想要掌握人脈、遇到貴人，只有三個重點：

1. 本身人品要好。
2. 要努力、要做功課。
3. 懂得展現自己的價值。

在出席一個社交場合或活動之前，T先生事前一定會做足功課，他會先詢問當天到場人員名單，搜尋、了解一下這些人的背景，並且列出幾個想要請教對方的問題。

通常，T先生會避免問那些已經被很多人問過的問題，比如「成功的秘訣是什麼」或者「年輕人怎樣才能賺多點」，他總是盡量選擇跟對方專業或喜好有關的話題。

選到好的問題，同時也是在「展現自己的價值」。

當你問出一個好問題，雖然你依舊是在向對方請教，對方卻會在心中默默認可你、將你視為同伴。

人脈，不是你認識多少人，而是多少人認識你。

在一個重要場合，你和一百個人交換了名片，但最終只有不到十個人記得你是誰，這等於完全沒有累積到人脈。

T先生對於這點十分認同。他本人很擅長在「問問題」的過程當中，讓對方也對自己產生好奇，很多老一輩的貴人，在提起T先生時總是說：「很能幹的年輕人，他當初來找我請教的時候，我就看出了這小子聰明、肯努力……」

T先生能夠得到這麼多助力，是因為他的確花了不少苦心經營計畫的緣故。

相比正式的社交場合需要精心準備，非正式的玩樂場合更講求隨意自在。

Andy從大一到大二都是個邊緣人，大三後突然搖身一變，成為了各大聚會中的固定班底。

他說他只做了三件事：

1. 主動幫忙。
2. 準備應急問題。
3. 從小團體入手。

當你在一個不自在的聚會裡手足無措時，先觀察看看有沒有誰需要幫忙，絕對是最保險的做法。因為，被你幫忙的人一定會心懷謝意，和你之間的親密感也能透過此舉而建立起來。他們或許會主動跟你開啟話題，即便他們沒有這麼做，通常也會很願意和你進行後續互動。

「應急問題」則是可以挽救Andy這種反射弧比較長的人的法寶。Andy說他常常因為緊張而不知道該說什麼，於是便一口氣寫下五十個「誰都能問、誰都能聊」的話題，比如「最近最喜歡的電影」、「上一次吃到最難吃的食物」、「學生時代的瘋狂事」……等，並且將這些問題牢牢記住，在聚會上等待合適的時機（比如剛好聊到相關話題時）自然而然地提問。

我曾偷偷留意過Andy在陌生聚會上的舉動，他不會像那些開心果、風雲人物一樣，一開始就吸引大家的注意，他會等大家開始聊天之後，慢慢接近不在核心地帶的零散小團體，先和一、兩個人開啟話題，然後再慢慢和其他人打成一片。

這是非常有用的做法，因為兩－三個人的談話，是最讓內向的人舒適的類型，不會有被人群聚焦的壓力。

沒有人天生就是社交高手，那些你看上去如魚得水、呼風喚雨的人，可能也正在夜深人靜時默默努力著呢！

氣場正向的人，能把誰都變成貴人。

Chapter

20 在職場，為你的夢想加值

我們都有感到懷才不遇、被人壓搾的時刻。

2016年，剛畢業的我在洛杉磯某演藝經紀公司擔任製作部的實習生，初出社會，我戰戰兢兢，想把事情做好，從老闆的眼神中卻總是看不到滿意。

2019年，我成立了自己的公司，開始有自己的下屬。

在這之後，我才突然明白，當年老闆總是不滿意我，實在是再合理不過的一件事。因為那時候的我根本不是一個好用的人才啊！

影響一個人魅力的元素，基本上有三個：

- 自信。
- 同理心。
- 女人味／男人味。

而自信的部分，說得現實點，不外乎來自於工作成績、興趣愛好、收入狀況。

2016年是我最沒有自信的時候，工作上毫無進展，又忙得沒時間兼顧興趣愛好，收入狀況就更不用說了，簡直家徒四壁、一窮二白。

如果我能夠穿越回三年前，對二十一歲的我說幾句關於職場的話，我應該會這樣說：

- 不管是團體工作還是幫老闆做事，千萬記得「即時回報」。尤其是老闆在乎的事、或者會影響到同事作業流程的事，哪怕你還沒處理完，也先回覆告知一下處理進度，讓別人安心的同時，也對你更放心。
- 絕對不要「自以為是」，不僅是「自以為很厲害」的那種自以為是，還有「自以為應該是這樣」的那種自以為是。凡事不懂，馬上去問，省得做白工。
- 若是幫老闆做事，一定要先觀察、留意老闆的處事模式以及在乎的點，盡量在老闆察覺到自己的需求前就幫他做好。這樣的能力很難培養，可以通過事先詢問來解決。
- 如果你的能力受到客觀認可，但待遇和薪酬卻讓你感到備受壓榨，一定要替自己發聲、做出決斷，千萬不要一味忍讓。你絕對不會因為放掉這個工作就從此人生一落千丈，自己要懂得保護自己。
- 不該多話的時候不要多話，有時候人家不是不知道，是裝糊塗，多一事不如少一事。

這世界很現實，若你夠努力、能力夠好、夠機伶，絕對不會被埋沒太久。

我的朋友Harris就是很好的例子。Harris大學輟學，原因是無心唸書，他先在某間名不見經傳、新開業的快餐店當幫廚，後來因為工作效率高、個性隨和可靠，而和老闆變成好友，幾個月後，快餐店要開設分店，他被老闆調去擔任店長。

那時，我們所有同學都跟他說：「你好好一個數學系的大學生，為什麼不唸畢業？跑去當快餐店店長？這樣你也滿意喔？」現在想來，我們先入為主的觀念真是無理，幸好Harris不曾在意。

Harris擔任分店長後，又過去半年，快餐店生意越來越好，老闆決定啟動連鎖店的商業模式。他帶著Harris去拉贊助、談入股、找加盟，在兩人的努力下，連鎖店一間間的開起來，而Harris身為元老級的幾個員工之一，對餐廳品牌自有一份熱情，經常是日夜不休的加班趕工，職務也一路從區經理、總經理，成為了營運長。

那家連鎖快餐店現在遍布全加拿大，甚至即將要往美國拓展市場，Harris深受老闆器重，甚至每年還有半個月的帶薪假期，全球任何城市他隨意挑，公司負擔機＋酒。

很多時候，機會就在我們身邊懸浮，無色無味全透明，只看你的態度夠不夠格將它抓住。

如果Harris當時以一個普通打工仔的心態對待這份工作，現在的營運長可能就是別人，Harris可能至今還是幫廚或者副店長。

Harris的另一個朋友Larry則完全就是反面案例。

Larry從大學時代就以一副優等生、充滿夢想與抱負的形象自居，嚷嚷著想要改變世界、想要有一番作為，已經規劃好畢業之後三年內必須達成年薪破百……之類云云。

Harris輟學去當幫廚時，Larry第一個批評反對，在他看來，Harris「毫無遠見」、「很不聰明」、「自毀前途」。

後來，Larry畢業了，獲得經濟系學位，第一份工作是在銀行擔任櫃台人員，做不到三個月便辭職了，原因是「太沒挑戰性」。辭職後，Larry開始了長達一年的無業生活，好在家裡稍微可以給點金援，Larry窩在家裡，一會發po文昭告天下「今天開始轉行當工程師！自學C++挑戰！」，一會又在朋友聚會上高談闊論：「領死工資的受薪階級注定會被淘汰，工作賺錢太慢了。我現在要做就要創造『稅後收入』，才能真正實現財務自由……」

工程師自然是沒當成，上次去他家看見C++的書上都蒙了一層灰，而所謂的「稅後收入」來自於股票，一年賺的錢還不敵人家受薪階級兩個月的薪水。

在Harris高升營運長的時候，Larry終於決定出去找工作了，在碰壁好幾次之後，終於得到了一份保險公司的正職員工職務。然而，面對這份他無熱忱、「浪費他寶貴才能」的工作，他的態度散漫又驕傲，最後合約期滿，公司決定不續約，請他離開。

Larry對外宣稱：「也好，我的能力應該花在夢想上，才不該花在這些為了生存的柴米油鹽醬醋茶。」

我們身邊都有很多Harris，也有很多Larry。

像Larry這種人，從來沒搞懂「夢想」的本質，若你從來沒為「夢想」付出過什麼努力，那麼你的「夢想」只能稱之為「白日夢」。

千萬別把夢想變成口號，別讓夢想為你的懶惰、眼高手低、自負自傲買單。

近幾年對岸很流行的幾個形容詞：「站著把錢掙了」、「不要跪著掙錢」。Larry一定對這兩句話深感認同，對他來說，不論是銀行櫃台還是保險公司，都是「跪著掙錢」。在他心裡，非得一出社會就進入人人稱羨的國際大公司、得到體面光鮮的抬頭、領上傲人的薪水，才算「站著把錢掙了」。

這是極沒魅力、超級魯蛇的心態。

不管哪個行業，都有站著掙跟跪著掙的時候；在追逐夢想的過程中，跪著掙的時刻就更多了。

做好份內的事，認清「完成自己夢想」所需的現實要素，一步步地朝它邁進，才能走得長遠。

二十幾歲、正值青春年華的我們，面對夢想最好的態度就是——天馬行空的許願，腳踏實地的完成。

給 的
悄悄話

天馬行空的許願，腳踏實地的完成。

Chapter

21 從認識到欣賞，只差這一步

說到約會，只有兩個重點：

- 認識彼此。
- 加深欣賞。

任何有扣合這兩個目標的約會，哪怕電影票剛好賣完、半路上下起大雨、其中一人扭傷腳踝，都依舊算是成功的約會。相反的，即便今天所有行程都照計畫進行，你們看了電影、天氣大好、吃了燭光晚餐，但整段約會都在瞎聊一些不著邊際的事，或者各玩各的手機，那依舊還是失敗的約會。

兩個人究竟有沒有「越來越認識彼此」以及「逐漸加深欣賞」，是有指標可以參考檢驗的。

人與人之間，關係的推進，大致分為四個階段：

1. 回應——對於你的發言、舉動，對方會給予回覆。
2. 聆聽——關於你的事情，對方願意認真傾聽。
3. 關心——對方主動想了解你，問你問題，在乎你是怎樣的人。
4. 順從——合理範圍內，你提出的要求、邀約，對方基本上都會答應。

如果隨著約會的次數，你們倆的關係有循著上述的節奏不斷往前推進，那麼這些約會便是良性的、有意義的。

我有個很不會約會的朋友，名叫點點。點點是一個身材高眺的大漢，看起來好像很有氣勢，其實內心細膩纖弱。

點點曾經讀到過「約會時要展現自己的強項」、「約會要貼心」這些理論，並且奉為圭臬。於是，在約會時，點點總是不斷誇口自己在事業上的成就，又不斷獻殷勤，然而人家妹子對他的態度從來沒有超越過最客套的「回應」階段。

點點的十次約會裡，九次都是約完之後對方就人間蒸發。

在第四章跟第十章裡，我們有講到如何變成一個會聊天的人，也詳述了約會從前置作業到後續舉動的流程。除了聊天、準備、後續follow-up……這些基本的SOP之外，決定約會成敗最要緊的一件事就是同理心。

具備同理心的人，時常一個舉動就能夠大大加分，我自己本身就聽過幾個這樣的故事。

有一次，Vans與正在約會的女生吃完晚飯後，女生擦了擦嘴，伸手拿起包包，Vans立刻告訴她：「洗手間在樓上。」

女生略感詫異：「你怎麼知道我要去洗手間？」

Vans笑了笑：「妳不是拿包包了嗎？妳手機在桌上，現在又還要結帳，那只能是要補妝，或者是別的什麼事了……」

女生因為這件事，認定了Vans是個很貼心、聰明的男人。

還有一次，Vicky正在約會一名從事金融相關工作的男人。對方閒來無事的愛好是彈鋼琴，大學時期曾經擔任鋼琴家教賺外快。

從進到約會的那家餐酒吧開始，男方的視線就時不時飄向角落的演奏鋼琴。

Vicky看見了，叫來服務生，詢問是否能讓男方演奏一曲，問話問更俏皮的表示：「這位先生是鋼琴十級唷！」

服務生詢問店經理後表示同意，於是男人在Vicky的起鬨下，上台彈了一曲即興爵士，獲得滿堂彩。男人非常愉快的走下台，店家還送給他們一盤點心做為招待。

從那天晚上之後，男人將Vicky視作難得一見的知音，兩人很快墜入愛河。

其實，Vicky知道男人本就是喜歡出風頭的個性，所以順水推舟，讓他得以發揮自己的閃光點、又不會顯得過於賣弄。

「同理心」這項特質，就是多站在別人的立場、多去揣摩別人的想法，不僅僅是為了取悅別人，也是為了讓我們自己能更好的把控這個場面。

很多人因為缺乏同理心，在約會上被大扣分數，卻還懵然不知。

點點就是一個例子，我曾經在點點約會時，裝作不認識他，坐在隔壁桌，偷偷觀察他和那個女生的約會情況。

而整個晚上，我只看到點點滔滔不絕地在講話、開啟話題，對方的興致明顯隨著時間越來越低。女生給的信號不算很明顯、卻也不算完全看不出來。她採用的就是最普遍的方式：「假裝認真」。

點點在說話的時候，她會看著點點、微笑點頭，在點點自己笑起來的時候，她會陪著一起笑，說幾句「太誇張了吧」、「好扯喔」之類不著邊際的話。她點開手機螢幕查看時間的次數，明顯越來越多，而且她從來不會針對點點的發言做出延續或反問，她只是一直點著頭、假裝很認真在聽，時不時丟出幾句「真的假的」、「還滿有趣的」這種最簡便的反饋。

約會結束後，我告訴點點「你且等著看結果吧！」

幾天過去了，女生果然沒有再理會過點點，點點這才跑來問我的意見。根據點點本人的說法，他覺得相談甚歡，女生也總是帶著笑，應該是發展得很好才對！

其實，只要他站在對方的立場想一想——今天有個人約我出來，對於我的事情卻總是接不上話，一直在講關於他自己的事情，這怎麼想都不會是一場愉快的雙向交流。

不管是「認識彼此」還是「加深欣賞」都是雙向的。認識彼此靠的是你來我往的聊天，加深欣賞靠的則是你能否準確地展現出「對方會尬意」的特質。這兩項目標，最終靠的都是同理心。

知道對方大概想聊什麼、知道對方大概會喜歡什麼樣的東西、知道怎樣的行為絕對會加分……有同理心的人，往往很容易揣摩、研究出這些事情。

然而，當然有些人對於這些事情，總是感到異常苦手。

這樣的人，應該怎麼辦呢？只能靠經驗的累積來解決。

這裡的經驗不是指像點點那樣，失敗過一百次，仍舊不知道問題在哪裡。「有用的經驗」是你嘗試了，不論結果失敗或成功，你都去探究、去了解成敗的原因，並且充分理解為什麼會發生這樣的事。

我給點點的意見也是一樣，我請他從今往後約會時做到兩件事：

1. 不要再花大把時間吹噓自己的事業成就，試著關心一下對方的生活大小事。

2. 約會結束後，誠懇地問對方：「妳今天和我約會覺得開心嗎？其實，我以前是個很不懂跟女孩子相處的人，但我想試著改變這一點。如果妳能告訴我妳真實的想法，不管是好的還是壞的，我都會很感激。」

對於第二件事情，點點本來是抗拒的，他說：「這樣不是顯得我很傻嗎？哪怕是對我有意思的也會覺得我很遜、決定直接打槍我的！」

我搖了搖頭，告訴他：「會因為這件事就覺得你很遜的，就必定不是真的對你這個人有意思的。而真的對你這個人有意思的，必然不會因為這麼一個良性、有建設性的問題就想要打槍你，反而還有可能是加分項呢。」

點點半信半疑，我聳肩嚇他：「你可以不做啊，那我也不幫你囉？你就這樣繼續單身三年喔！」他這才決定照我說的去做。

一個月過去，點點又約會了不少妹子，每一個他都這樣問，大概有八成的人告訴他真心話，比如：「我只是背了一個很小的包，你真的可以不用硬說要幫我背，真的很怪……」、「我覺得你外表看起來很英挺、很自信的樣子，沒想到講話起來好像有點唯唯諾諾？」、「你滿貼心的，點菜都說讓我決定，但這家餐廳是你常來的，我本來還希望你介紹幾個菜給我試試呢……」

點點告訴我：「我的老天爺，這樣問下來，我真的發現了超多女生心態欸，以前壓根沒想過！」

我說：「對吧？假如你都不問，對方也默默打槍你，豈不是白白浪費了一個成長的機會？」

又過去幾個月，點點變得越來越懂女生的心理。

再更後來的某一次約會，他例行性地又問了對方這個問題，對方卻甜笑看著他：「我覺得你都很棒啊！跟你約會很開心，你簡直是我的理想型！」

就這樣，他們進展良好，成功交往。

在許皓宜老師的《情緒寄生》這本書裡，老師寫道：「每個人一生真正承擔得起的，只有自己的人生。」

戀愛這檔事，哪怕你再喜歡對方、再掏心掏肺，也千萬不要屈就了自己的人生。

通過戀愛，通過每一個跟你相處的人，去嘗試、去得到反饋，從而使自己進步，在你費心打理自己人生、讓自己變得越來越好的過程中，一切也會變得更順利。

人跟人之間能發生喜歡，就已經是難能可貴的繫絆了。

Chapter

22 遇見更有魅力的自己

我是一個非常熱愛獨自旅行的人，但是，「獨自旅行」這件事情，並不是我某天早上起床，就突然靈光一閃、覺得「我非要這麼做不可」！

相反的，獨自旅行這件事，其實是我在情勢所迫下做的決定，沒想到卻變成了生命中最棒的回憶之一。

2015年，我在英國牛津大學進行暑期交換，整個八月，我除了週一到週四上午有課之外，其他時間全部隨我支配。每個同學都摩拳擦掌，非得趁這個機會好好玩遍平時機票貴森森的歐洲不可。

我排了幾個「必須得去」的地方，法國巴黎、西班牙伊比薩小島、英國倫敦以及劍橋。

在那之前，我從來沒有一個人旅行過，我認為我是一個非常需要陪伴的人。我在同學之間詢問大家的意願，倫敦和劍橋的行程很受歡迎，一下子就找到了旅伴。

法國巴黎則稍微曲折一點，畢竟是另一個國家，牛津的同學們覺得太遠、不划算，紛紛拒絕。所幸，正在義大利交換的朋友表示十分熱中，於是我們決定從不同國家前往，直接在巴黎見面。

義大利的朋友比我晚一天到，所以從抵達巴黎開始，有幾乎整整二十四小時，我需要獨自行動。

週五傍晚，我從牛津獨自搭巴士到倫敦，在倫敦王十字車站等待去巴黎的「歐洲之星」列車，我一個人吃英式司康餅、喝加了一大堆方糖的紅茶，對即將到來的旅途感到雀躍無比。

抵達巴黎後，在巴黎北站下車。出發之前，就已經有無數朋友以及網路文章警告過我：北站超級危險，尤其是晚上，龍蛇雜處，治安十分不好！但搭乘歐洲之星，北站是絕對避不掉的，最終我決定這樣安排——下車後，在車站裡先叫到Uber，明確告知Uber停在哪一個出口，等車子到現場之後、立刻衝出去，上車離開。

計畫完全順利進行，司機傳來訊息說他已抵達接送點，我拖著我的行李箱，把背包護在胸口，迅速走出北站。在司機幫我搬行李上車的同時，我四處張望，卻發現其實北站並不如我想像中的可怕。

當然，車站在許多城市都是人聲混雜、治安較差的地方，若是深夜無人在此逗留，一定是加深自己的危險。不過說真的，卻也沒有到「千萬不要去北站」這麼誇張。

Uber開出北站所在的第十區，往我民宿所在的第十六區前進，沿途經過香榭麗舍大道、凱旋門，我戴著耳機，放著法國風情的慵懶音樂，覺得活著真好。

第二天一早，我七點起床，八點出門，沿著塞納河悠閒散步，直奔聖母院，趁早晨排隊人潮還不多時趕快進場。在聖母院裡頭，正好遇到教徒們在做禮拜，於是我乖乖地坐在台下，畫一幅聖母院聖壇的素描。

中午，為了保險起見，我先去羅浮宮買票，接著又去臨河的小餐廳品嘗法式料理，飯後在街上漫無目的地散步，駐足聆聽橋上街頭藝人的演唱。

獨自在異鄉的幾十小時，讓我發現一個人旅行其實頗為愜意，不僅隨性、自由，而且打從內心湧現出一股強壯、自信的幸福感。

正是巴黎的這段經驗，讓我後來決定孤身一人前往西班牙伊比薩。

說來也是天意，這裡其實是一個「沒人會想要一個人去」的地方，這個西班牙小島，號稱有全世界最美的夕陽，和全球最嗨的夜店。

每年夏天，世界排名前百大的知名ＤＪ們都會在此駐場，Martin Garrix、Armin Van Buuren、Tiesto……在夜店、飯店泳池酒吧都能找到他們的演出。

在牛津時，我本來已和朋友敲定一起去伊比薩狂歡一波，待到要訂機票時，對方才臨時告知爸媽不給旅費，所以她去不了了。

在既傻眼又無言、卻又絕對不想此行泡湯的情況下，我一不做二不休，決定「姊就自己去給你們看！」

我因為要搭廉價航空的紅眼班機，所以睡在英國機場，抵達伊比薩時已是早晨，心情興奮卻又飢餓疲倦，在島上轉公車來到下榻的民宿，還差點因為血糖過低而暈倒。但是，在民宿眺望湛藍的地中海、曬著溫暖的太陽，又感到一種雀躍的滿足。

一個人去電音派對真的是一件很狂的事，狂到我基本上不會再做一次這樣的選擇，不過這次的體驗確實非常有趣。

為了能在最近距離觀看Martin Garrix的演出，我下午五點半就進去卡位（Martin Garrix晚上九點才上場），跟其他狂粉一起站在最前排的欄杆前，等待夜晚的表演。

在等待的過程中，我跟隔壁的日本姊姊聊起天來，成為了「派對臨時好友」，於是我得以加入他們的行列，在我去上廁所的時候有靠山能夠幫我占位子。（對此我深表感激！）

原來，這位姊姊在日本也是個小ＤＪ，她給我看她的Instagram，各種酷帥的打碟照，姊姊戴著一個會亮的貓耳朵髮箍，說這是她的「identifier（人物形象之意）」。當天晚上，我們一起為了Martin Garrix尖叫歡呼，又蹦又跳，她跟我說英文，我跟她說日文。

第二天中午，我到Bora Bora餐廳吃飯，一名澳洲男孩看我獨自用餐，便坐下和我攀談。原來，他們是一群澳洲兄弟集體到歐洲自駕遊，租巨大的房車，一路從荷蘭往下開，途中經過義大利、法國、到西班牙巴賽隆納，再換飛機來到伊比薩島。

他聽見我獨自旅行，豎起了拇指：「我超嚮往一個人旅行！妳真的很勇敢！我覺得這超棒！」

我們聊起彼此在旅行中的軼事，他說他們在法國小鄉村過境的時候，被餐廳員工誤認為是美國人，由於那個鄉村偏僻，幾乎不會有遊客駐足，所以掀起了大騷動。

首先是服務生歡樂的吶喊：「快看啊！是美國人！」餐廳裡的法國客人報以口哨與鼓掌，結果連廚子都跑出來看熱鬧，最後這群澳洲男孩得手腳並用、加上Google地圖解釋老半天，才得以澄清自己其實是澳洲人。

我笑得前翻後仰，告訴他稍早時，我在前往Bora Bora餐廳的路上，被另一間餐廳門口攬客的小哥攔住，小哥先是和我談論天氣，然後話鋒一轉便問我要去哪裡。

我誠實的答道：「Bora Bora～我要去吃飯！」

小哥咋舌搖頭：「哎呦！那裡都是觀光客跟嗑藥的人欸！妳改來我們餐廳吃啦！」

我笑著回絕他：「我就想去Bora Bora！」

小哥聳了聳肩，換上一個低低的微笑：「那……妳要買藥嗎？」他從褲子口袋翻出一整包白色小藥丸來。

我嚇了一大跳，趕忙搖手跟他說：「不用不用！我不嗑藥！」

聽罷這個故事，這回輪到澳洲男孩笑得前翻後仰，他說：「這裡的藥頭真的很猖狂欸！」

我說：「對啊！旅行時會遇到的危險與誘惑可真多！」

後來，我獨自踏過洛杉磯、北京、上海等城市，在洛杉磯深夜撞壞車門、在上海Airbnb凌晨差點被歹徒闖入（有一部分朋友聽完這個故事，表示覺得是鬧鬼）。

旅途中自然有驚險的部分，當然也有驚豔的部分，在獨自旅行的這幾年間，我體悟到幾件事。

- 獨自旅行，你才真正去思考「自己想要什麼」，而不是「兩個人在一起要玩什麼」。
- 學會好好照顧自己，懂得如何保護自己。
- 真正用心去體驗不一樣的世界，而不是走馬看花的玩樂心態。
- 獨自旅行促使你去認識不同的人，從別人那與你截然不同的人生中，感受珍惜、感受嚮往、感受啟發。

有些人天生適合獨自旅行，有些人則打死都不喜歡這種行程。

如果你在閱讀這一章的時候——哪怕是一秒的瞬間——有感受到些微的心蕩神馳、心神嚮往，那麼你可能就是適合獨自旅行的那種人。

別怕，想去的話就去吧。

趁年輕去看看這個世界，讓旅行拓寬你的認知，因為認知決定思維，而思維決定你的命運。

很多年輕人和剛出校門的我一樣，對人生有很多迷惘。

Alice跟我說她有很多事情想做，有太多人生目標，導致她不知道該先聚焦在哪件事上。

「妳想要做哪些事呢？」我問。

Alice如數家珍：「想學衝浪、爵士舞，但又想存第一桶金；想畫一篇漫畫、想去很多地方、在網路上發表遊記……」

我笑笑：「有這麼多想完成的事情，真的很棒！」我說，「全部寫下來，挑出最重要、並且能同時進行的兩件事，這三年內好好完成它們，完成了再做另外兩項！」

後來，Alice選擇了先存第一桶金跟畫一篇漫畫。

之前，我受邀至一些校園演講時，有名觀眾問了我一個問題：「人生有很多條路可以選的時候，該怎麼辦？我不知道該選哪一條才是對的，也怕選錯了後悔……有沒有什麼辦法？」

如果你也是這樣的人，我想先說聲恭喜。

有多條路可選，一定代表你有多項才能，而有選擇總是好的。

對於這種狀況，就我看過的例子來說，有兩種做法。

1. 用2／10法則，寫出來後，從最不吸引你的開始刪，刪到剩兩樣，再兩種都試試看。這個做法的主旨是「選出最喜歡的一條路」。

2. 設定一個必須要達成的目標，不論是收入、成就感、未來轉職潛力……等，看哪一件事情最能扣合、最容易達成，就先去做這件事。這個做法的主旨是「選出最實際的一條路」。

人生千萬不要怕後悔。

生命中每件發生的事，一定都有它的必然，重點是學到東西、得到經驗，將它轉化為養分，幫助未來的自己更成長。

很多老一輩的人會說：「哎，跟你們年輕人講經驗談就沒用，跟你們說了前面有坑，你們還是非得自己掉下去一遍才會高興。」

這句話是對的，但這不是一件壞事。

有得到過「經驗談」的人，摔進坑裡之後，就能夠將「這裡有坑，摔下來真的很痛」這個經驗和他聽過「這種路上一定有坑」這件事情具體的連結起來，未來就不會再摔坑了。

而沒有得到過「經驗談」的人，摔進坑裡之後，可能還是懵懵懂懂，不確定那裡為什麼會有坑，在未來中也許還會再摔第二次、第三次……

不要怕失敗，失敗有它的好處，疼痛使人成長。

一個有故事的人，才會有魅力。

故事不一定是經歷大風大浪，只要你細細地將你的過去提煉，不論好壞、不論濃淡，坦然擁抱自己的一切，最終都能淬煉出一抹洗盡鉛華的魅力。

Embrace your past,it shaped your present.

後記　描繪你的未來藍圖

耶！恭喜你和我一起完成了這本書！

接下來，我們來玩一個遊戲吧！

請你閉上眼睛，想像一下「三年後的自己的最理想版本」，越具體越好，你想住在怎樣的地方、過怎樣的生活、做怎樣的工作、身邊跟著怎樣的人、閒暇時間想做些什麼、婚戀狀況是怎樣……

在半小時內，盡情讓想像力馳騁，然後，把你想像出來的景象寫下來。

寫完之後，如果你有發現人生的一些新的方向，不要遲疑，去做就對了！

國家圖書館出版品預行編目資料

你的網路閨蜜SKimmy的戀愛撩心術 / SKimmy著.
--初版.--臺北市：平安文化. 2019.8
面；公分（平安叢書；第636種）
（兩性之間；42）
ISBN 978-957-9314-32-9（平裝）
1.戀愛 2.兩性關係

544.37 108010372

平安叢書第636種
兩性之間 42

你的網路閨蜜 SKimmy的戀愛撩心術

作　者—SKimmy
發 行 人—平雲
出版發行—平安文化有限公司
台北市敦化北路 120 巷 50 號
電話◎02-27168888
郵撥帳號◎18420815號
皇冠出版社（香港）有限公司
香港上環文咸東街 50 號寶恒商業中心
23 樓 2301-3 室
電話◎ 2529-1778　傳真◎ 2527-0904
總 編 輯—龔橞甄
責任編輯—林郁軒
美術設計—嚴昱琳
著作完成日期—2019年4月
初版一刷日期—2019年8月
初版五刷日期—2020年3月
法律顧問—王惠光律師

讀者服務傳真專線◎02-27150507
電腦編號◎380042
ISBN◎978-957-9314-32-9
Printed in Taiwan
本書定價◎新台幣320元/港幣107元